海と女とメタンハイドレート

——青山千春博士ができるまで

青山千春
青山繁晴

ワニブックス
PLUS新書

はじめに

「ちいちゃん、船はいいよ～」

「海は素晴らしいよ～。人生観が変わるよ」

それが、亡き父の口癖でした。

父は、海軍軍楽隊の出身で重巡洋艦「足柄《あしがら》」に乗艦していました。

敗戦後は、プロのトランペッターとして活躍しました。

例えば、『鉄腕アトム』や『ジャングル大帝』の主題歌のトランペットは、父が演奏しています。

私が、海や船が大好きになったのは、父のおかげだと感謝しています。

それから、二〇一一年に亡くなった母は、「良妻賢母はもちろんだけど、自分の才能を社会に役立てなさい。人と違うこと・クリエイティブなことをやりなさい」といつも言っていました。母は、生涯、プロのピアニストでした。

はじめに

ジャズバンド『ブラック＆イエロー』で演奏する父。バックにあるピアノを演奏しているのは母。このバンドは父がつくった

そんな環境で育った私が、男女の差別とは無縁の、ひとりの人間として自由にものを考えてこられたのは、さらに、女子学院（東京都千代田区）での中高六年間の学生生活のおかげだと、女子学院にも感謝しています。

そして、私が日本の社会のいろいろな理解できない、信じられないことに遭遇したのは、大学受験のときからです。

その次は、母校である東京水産大学（現・東京海洋大学）の開闢《かいびゃく》以来、初めての女子学生として乗船実習したとき、私が学生結婚をしたあと子育てが一段落して三五歳で大学に戻るとき、大学院を受けるとき、四二歳で初めて就職活動をしたとき、日本海でメタンハイドレートの研究をするようになったときです。いずれも本編で詳しくお話しします。

いろいろ信じられないことが起こりましたが、それらをすべて突破できたのは、亡き父母の自由な考え方、自分のあきらめない気持ち、夫・青山繁晴の強烈なサポートがあったからだと思います。

また、ふたりの子供は、選択の余地なく、私が母親でした。

素直に育ってくれたと私は思っていますが、ふたりが私のことをどういうふうに思っていたのか、直接聞いたことはありません。

ふたりがこの本を読んだあと、ぜひ感想を聞いてみたいです。

さて、二〇一三年三月一二日に、経済産業省は愛知県沖の太平洋で世界で初めて海底下のメタンハイドレート層から天然ガスを採取することに成功しました。メタンハイドレートは日本の、そして世界のエネルギー事情を一変させる可能性があります。新エネルギーとして有望なメタンハイドレートは現在、急ピッチで研究が進められています。

メタンハイドレートが注目を集めるとともに、私への講演依頼やメディア露出も増え、

「青山千春って何者?」

「あの青山繁晴の奥さんって本当?」

などといった声も聞こえるようになりました。

私は、子育てを終えてからこそ、航海士の免許を（正式に）取る、博士号を取る、南極に行くという小さい頃からの夢を叶えました。

大学院で博士号を取ってから、一九九七年に日本海に沈没したナホトカ号の調査の帰り道に日本海で初めてメタンプルーム（海底から湧き出るメタンハイドレートの粒が柱状になったもの）を確認し、日本と国際社会の特許を取り、現在もメタンハイドレート探査と研究を続けています。

この本が、これから結婚する女性、子育て中の女性や働く女性たちと、それから世のすべての男性の参考になれば、うれしいです。

二〇一三年八月

独立総合研究所　取締役自然科学部長、水産学博士

青山　千春

目次

第一章

青山繁晴との出逢い

新聞記事を見て、連絡してきた青山繁晴

私が、青山繁晴（現・独立総合研究所　代表取締役社長・兼・首席研究員）と出逢ったのは、東京水産大学（現・東京海洋大学、以下、東水大）三年生のときでした。東水大の漁業学科では、三年生の夏休みに必ず日本一周の実習航海に出て、航海士の基礎と漁業の基本を実習します。私も一九七八年の夏に練習船海鷹丸《うみたかまる》Ⅲ世に乗船し、東京の晴海埠頭から東回りに日本一周の航海に出ました。その航海の途中、北海道の小樽港に海鷹丸が入港したときです。共同通信社の札幌支局の記者が海鷹丸の士官（チーフオフィサー）を訪ねてきました。記者は、「何か面白い話題はありませんか?」とネタ探しにきたのです。

士官は、「実は、大学初めての女子学生がひとり乗っている。女性の航海士のパイオニアとしてこれからがんばってもらいたい人材だ」と記者に話しました。

それが私です。士官から「横川（私の旧姓です）、すぐに応接室へ」と船内放送で呼び出されました。このときの放送は一斉放送といって、船内全部に声が流れます。その

声は甲板にも流れ、小樽港全体に響き渡った感じでした。その場で取材を受けて、ブリッジ（操舵室）で操船しているポーズで写真を撮られ、その記事と写真が新聞に載りました。

記事には、私が、航海士になりたいのは、海軍軍楽隊出身の父の影響があって海と船に憧れていたこと、そして「若大将シリーズ」の主役だった加山雄三さんにも憧れていたからだと掲載されました。

その記事が産経新聞の「時の人」というコラムで取り上げられ、それを読んで電話してきたのが、青山繁晴でした。

当時、青山は慶應義塾大学を中退して早稲田大学の学生となっていて、競技スキーで怪我をしていました。慶應の友人から青山に連絡があって、「慶應ＯＢの加山雄三さんのコンサートをやることになったんで、おまえ、どうせ怪我で山に入れないんだからチケットを売るのを手伝ってくれよ」と頼まれたそうです。

友人の頼みを引き受けた青山が、チケットの販路を探していた頃に、ちょうど産経新聞の「時の人」に私の記事が出たのでした。青山は、「横川さんは加山雄三が好きだし、

女性航海士のパイオニアとして新聞に出た直後、雑誌の取材依頼がありました。そのときに撮っていただいた写真のひとつ

航海士の卵なら周りの学生にもきっと加山雄三ファンがいるに違いない。それなら、絶対にチケットがたくさん売れる！」と思って、電話帳で調べた私の家に電話をかけてきたのでした。

最初に電話を取った私の母は、「ちいちゃん、早稲田大学の青山さんという人が『新聞の記事を見て電話しました。加山雄三のコンサートをやるのでチケットを買ってください』と言っているわよ。電話に出る？」と私に言いました。

そこで、早稲田大学にも加山雄三のコンサートにもちょっと興味があったので、電話に出てみると、「学生だけで加山雄三のコンサートをやるんだけど、チケット買ってくれませんか。特別に良い席を用意します。同級生も一緒にいかがですか？」という商売上手な内容でした。

結局、値下げの交渉の末、一〇枚のチケットを一割引で買うことに成功しました。そのチケットの受け渡しのために、高田馬場の駅前の喫茶店で会うことになりました。郵便で送ってもらっても良かったのですが、会うことにしました。なぜなら、その頃、私は一か月間の実習航海から下船したばかりでした。ずっと海の上にいると外部の人に会ってみたくなるのです。

初めて会ったときの青山繁晴の印象は……

初めて会ったとき、青山はセーターにマフラーをして、髪の毛をピッチリ横分けにしていました。さわやかさをアピールしている感じがしました。本人は、いまも当時も、「おれはアピールなんかしない」と言っています。が、私にはそう見えました。

セーターは紺色で全面に大きく赤とグレー二色のV字模様がありました（一〇八頁参照）。マフラーは紺色と白の大胆なツートンカラーでした。あとでわかったことですが、このセーターとマフラーは青山のお母さんのお手製でした（お母さんは機械編みの師範の免許を持つ腕前です）。その全体のおしゃれに気を遣っている雰囲気は、東水大の学生と全然違うので、「うわっ！」と思いました。でも、学生っぽくないなぁと思ったのが青山繁晴の第一印象です。

場所は、高田馬場の「フェイスオフ」という喫茶店。当時はＢＩＧ ＢＯＸ（高田馬場駅ロータリーに隣接する商業ビルです）の一階にありました。

そして、私はオーバーオールのジーンズ（お笑い芸人の石塚英彦さんがよく着ている上下一体型のジーンズ、サロペットともいいます）を着て行きました。当時の私は、紺色の制服（男子学生は海軍と同じカッコいい詰め襟の制服でしたが、私はネイビーのブレザーとスカートでした）のほかには、この服しか持っていませんでした。

そこで初めて会って、少し話をしたのですが、青山が神戸生まれと聞いて盛り上がったのを覚えています。というのも、東水大の一年先輩に神戸出身の超カッコいい先輩がいたからです。その先輩は、いまは劇団を主宰しています。自らも役者をやっていて、TVドラマの『相棒』シリーズにも出演しています。東水大の少ない女子学生たちが「カッコいいよね～」と、みんなが憧れていた人でした。

そのときは、そんな話で盛り上がり、加山雄三さんのコンサートのチケットを一〇人分買って、別れました。

そして、コンサートの当日、私は東水大の同級生九名と一緒に行きました。彼らはもちろん全員制服と制帽、私も制服を着て行きました。みんな、制服以外には服を持っていなかったので、冠婚葬祭すべて制服着用なのです。

コンサート会場では、われわれ東水大の一画だけ、かなり場違いな目立った存在だったそうです。

私が三年生のとき、実習航海から下船したのが八月、青山と初めて会ったのが九月でした。コンサートが一〇月中旬頃だったと思います。

そして、私の父が突然亡くなったのは、その年の一〇月下旬でした。死因は狭心症で、五三歳の誕生日直前でした。

青山からコンサートの御礼の電話がかかってきたのが、一一月初旬でした。

そのとき、実は父が亡くなったという話をしたところ、青山はわざわざ家に焼香に来てくれました。というわけで、青山はとうとう私の父に会うことはありませんでした。

大学四年生の冬の航海

青山とは、その後一年間以上会うことはありませんでした。私が四年生になり、合計四か月間の実習航海があったので、寄港地から青山に葉書を出す程度でした。そして、四年生の三月に下船してから、長期の航海だったので外部の人に会いたくなり、そのと

真っ赤なセリカの前でわざと（?）スカしたポーズを決める青山繁晴

きに頭に浮かんだのが、青山でした。早速青山に電話をかけて、「高知で買ってきた鰹があるから、お土産に持って行く」と言って、チケット受け渡しのときと同じ喫茶店で、待ち合わせました。
　そのときには、実習航海の話をいろいろしたことを覚えています。
　その日は喫茶店を出て、早稲田大学政治経済学部の校舎に青山の車で行きました。青山は、当時真っ赤なセリカ、ただし相当に古い中古車に安い再生タイヤを履かせて乗って、東京都下の保谷市（現・西東京市）の下宿から早稲田大学まで車通学していました。青山は、古い繊維会社を経営する家庭に育ち、自動車教習所の経営が副業だったために、教習所の構内で教習がないときに小学校四年から教習車を運転していたそうで、「車は身体の一部だ」と言っていました。私は生まれて初めて、まったく酔わない運転の車に乗りました。私は父や母が車を運転しなかったので、車にあまり乗ったことがありませんでした。なので、タクシーに乗っただけでも気分が悪くなっていました。なぜ青山の運転する車は酔わないんだろうとそのとき思いました。

ガソリン代がなくて、青山は五〇円玉を出して「これで入るだけのガソリンを入れて」とガソリンスタンドで交渉したり、ガス欠で道の途中でセリカが止まり、歩いてガソリンスタンドまでガソリンを買いに行ったりしました。

四月になり、青山にくっついて、早稲田大学の授業に出てみると、それはとても面白い授業ばかりでした。そのとき青山は怪我で五年目になった四年生で、あと三つの授業の単位が必要でした。私は一緒に授業に出て、ノート取りをやりました。青山が卒業したら記者になりたいと言っていたし、これだけ押しが強ければきっといい記者になるだろうと思ったので、私はその夢が実現するように応援しようと決めました。

学生時代（1978年頃）、三保の松原で青山とデート

しかしここで、ひとつ問題がありました。私が航海士になるためには、大学の学部を卒業してからあともう一年実習が必要で、そのうちの八か月間は遠洋航海に出なければなりませんでした。遠洋航海に出れば青山を応援できないし、青山を応援すれば遠洋航海に行けない、つまり航海士にはなれません。青山の夢の実現が先か自分の夢の実現が先か、悩みました。

私はここで、青山の夢の実現を先にしようと腹を括《くく》りました。

私は、航海士の夢の実現をいったん据え置きました。私の母をはじめ、東水大の指導教官や海鷹丸のオフィサーには、国立大学で初めての女子の航海士として育ててきたのに、と猛反対されましたが、私の決意は変わりませんでした。

ところが、肝心の青山は、そんな私の決意をあまり理解していなかったようです。最近この本を書くにあたり、当時の私の決意を話したところ、青山は「えっ、そうだったの？　全然知らなかった」と言いました。結果的にはうまくいったから、まあいいか。

就職部で見つけた共同通信の求人票

青山が卒業まであと二か月を切った一月頃、まだ青山の就職は決まっていませんでした。ところが青山は、就職部にもまったく顔を出そうとしません。「いざとなれば、ラーメンの屋台を引くかダンプカーの運転手になって小説を書く」と言っていました。

そこで、私は、ひとりで早稲田大学の就職部の掲示板を見に行きました。そこにはもう学生はほとんどいなくて、求人票が数枚、画鋲が一部外れて、冬の風に吹かれて、ガサガサ音を立てていました。その中の一枚に「共同通信社」の求人票がありました。私が乗船中に、船内には「共同通信ニュース」というのが定期的に配信されていたので、私はこの会社が大手のマスコミであることを知っていました。早速、青山に電話して、就職部に来るように伝えました。青山と就職部で落ち合い、その求人票を確認しました。青山は共同通信をそのとき詳しく知らなくて、「募集がたった五人」だし、「こんな時期にまだ募集している」し、「風呂屋の壁に宣伝を描いている、ナントカ通信社じゃないのかな」と言っていました。

そして、大隅講堂の前にある電話ボックスから、青山は共同通信の人事部に電話をかけました。

担当は新村という人でした。

「おたくはどういう会社ですか？」

と青山が聞くと、新村さんは電話口の向こうで大激怒して、

「君は『世界の共同』を知らんのか！」

「知りません」

青山繁晴、就職活動も押しの強さで

「『共同』という言葉、聞いたことないのか?」

「もしかして、新聞やニュースで『ワシントン〇〇共同』っていう、あの『共同』ですか? みんなで一緒に(取材に)行ってるっていう意味だと思ってました」

「……うちは『世界の共同』だよ」

「じゃあ、入ります」

「はっ!? 何言ってんだ、おまえは! ところで、君はいくつなんだ?」

「二六です」

そうしたら新村さんの声が急にうれしそうになって、

「あ〜、それじゃダメだねぇ。うちは二五までなの、新卒は」

「待ってください、一歳ぐらいで何が違うんですか?」

「いや、大事なんだよ、君。うちは労働組合が強くて、年功序列制の賃金体系だから、年齢制限を超えると労組が許さない。だから絶対ダメなんだ。悪いけど受験もさせないから」

と電話を切られたそうです。

こういうやりとりであったと、あとから青山に聞きました。

この電話を私は寒い中、電話ボックスの外でずっと聞いていました。

青山はすぐに新村さんに電話をかけ直しました。年齢制限で受験すらできないというのは不当だと、新村さんに交渉していました。

ついに新村さんも根負けして、「もう勝手にしろ。ひょっとしたら受験票が行くかもしれないから、受験票がもし届いたなら受けろ。しかし、二度と電話してくるな」と言ったそうです。

私はこのとき、「年齢制限を覆すなんて、さすが押しが強い。記者にぴったりだ」と思いました。きっと新村さんもそう感じたんだろうと推察します。

そして、後日、保谷の下宿に受験票が届き、なんとか入社試験を受けることができました。

「たった五人を、それも一月から二月にかけて募集する」というのは、普通の募集時期に「記者に向いている」と共同通信が確信できる人材が、大量の応募者の中から二〇人しか見つからず、その年の採用予定が二五人だったたから追加募集をかけていたのでした。

二月四日に実施された一次試験（作文と英語、一般教養試験）には、五人の募集に二〇〇〇人の応募者が来ていたといいます。倍率四〇〇倍です。これを突破し、さらに二次の「取材実技」、三次の面接と次々に突破し、最終面接のときに当時の編集局長だった原寿雄さんと激しい口論になったそうですが、結果的に共同通信の入社試験に合格できました。

内定が出て、保谷のアパートで大喜び

最終面接から数日経って、青山は面接官と大喧嘩をやらかしたから無理だよと言っていたのに、なんと内定通知が届きました。

その当時、青山は保谷市にある二階建ての木造アパートに住んでいました。内定通知が来たときは私もその部屋にいたので、一緒に大喜びでした。

そうしたら、隣の部屋の人（早稲田大学の学生です）が、知らせてもいないのにすぐ

にお祝いの花束を持ってきてくれました。安普請のアパートで大声を出して喜んだので、全部筒抜けでした。

青山は早速お母さんに電話して、就職できることを報告しました。お母さんは、「繁晴が、サヨナラ逆転満塁ホームランを打った」とお父さんと喜び合ったそうです。青山の生家は、古いしきたりのまま家督と会社の経営を継ぐのは長男と決まっていて、「末っ子の繁晴には何もないから」と、ご両親は心配していたのでした。

青山は、内定をもらったあとに人事部長に、なぜ自分が採用されたのか理由を聞きに行ったそうです。

そうしたら、

「青山君ね、世の中、甘く見ちゃダメだよ。君はひょっとしたら、ああやって真正面から喧嘩したから受かったと思っているのかもしれないが、それは違う。そもそも面接のときに喧嘩をした相手、あれは原さんといって、編集局長だ。その原さんは、君の内定に最後の最後まで反対していた。だけど、国際局長が選考試験のときの作文を高く評価して、『彼の作文はすごい。この男がどんな記事を書くのか見てみたい』と推してくれたんだ。役員で多数決を取ったら、採用してみようという人のほうが多かったから、ギリギリで入れたんだよ」

そう教えてくれたそうです。ちなみに、国際局長は本来は、編集局長の言うことを聞かなきゃいけない立場だそうです。青山はそもそも、誰がどの局長かも知らず、それどころか共同通信に政治部とか社会部とか外信部とか何部があるのかも知らず、国際局長とも事前にまったく知り合いではありませんでした。

ただ、青山が入社して一八年後に共同通信を辞めるときに、辞めることに一番反対したひとりが元編集局長で共同通信の「顔」でもあった原さんだったそうです。

結婚を決めた

それから青山は無事、早稲田大学政治経済部を卒業し、共同通信社に記者として就職しました。四月、五月と二か月間の新人研修があり、五月二六日から、記者はそれぞれ各地方に赴任することが決まっていました。

このとき、私は二四歳。専攻科を休学中とはいえ、船乗りになったうえで研究者になろうと思っていました。青山は入社はしたけど、本物の記者生活はこれからです。それは東京から遠い初任地、徳島支局で始まることになりました。

私は腹を括りました。自分の夢はしばらくペンディングにしました。そして、青山が徳島支局に配属になる前に結婚して、その初任地に一緒に行く決心をしたのです。

私が高校のとき、授業の中で、生徒の結婚に関する考えを聞くということがありました。

「将来は船乗りになって、それから研究者になるつもりだから、結婚は考えていません」

共同通信社入社直後の青山

私がそう言うと、

「長年の経験から言うと、そういう人に限って一番先に結婚するんだよね」

と、先生に言われました。

そのときは、「まさかー。先生、冗談がきついです」と言いましたが、事実、女子学院の同級生の中では、私が、一番結婚が早かったのです。

先生の長年の経験恐るべしです。

青山の実家に挨拶に行った

ふたりで結婚を決意して、徳島支局へ赴任する少し前の五月一三日に、兵庫県加西市の青山の実家に挨拶に行きました。

門をくぐって大きな玄関を入り土間で待っていると、ライオンの絵が描かれた、歴史のありそうな古い衝立の向こう側から、お父さんがニコニコしながらやってきて、私を迎えてくれました。休日なのに、お父さんは白いワイシャツにきちんとネクタイを締めて紺色のズボンを履いていました。家でも会社に行くみたいな格好をしているんだと、

帰省したとき、青山の両親と長男とのショット

少し驚きました。あとで青山に聞いたところ、「繁晴のお嫁さんが来るから」ということで、きちんとした格好をしたのだそうです。ありがとうございました。古い繊維会社の何代目かの社長だったお父さんは現役社長のまま医療ミスで亡くなるまで、私にとても優しく接してくれました。

お父さんとお母さんは、「繁晴は三三歳ぐらいで神戸女学院の一八歳くらいの嫁をもらう」と想定していたようでした。

だから、青山が、年が三歳しか違わない、しかも東水大卒業の女性と結婚すると聞いて、ビックリだったそうです。

お父さんは、「魚屋に学校があるのか？」、お母さんは、「繁晴、なんで神戸女学院の子じゃないの?」と青山に念押し確認したそうです。

お父さんがニコニコして迎えてくれたのも、私に興味津々だったからかもしれません。私はお父さんから見たら宇宙人のような経歴だったんだと思います。

結婚を猛反対した母からの手紙

一方、私の母は結婚には猛反対でした。母は私に、「航海士の免許を持つ海洋研究者となって社会の役に立ちなさい」といつも言っていました。なので、私がいま結婚すれば、航海士や研究者の将来が限りなく見えなくなるという気持ちだったんだと思います。

私自身は、「結婚して子供を育ててから、研究者になってもいいじゃない。順番が違っても」という考えでした。結婚で夢をあきらめたわけでも挫折したわけでもなく、ちょっと先送りするだけです。

母に結婚話を切り出した少しあとのことですが、家に帰ったら、「千春え」と書いてある縦長の白い封筒がテーブルの上に置いてありました。母から手紙をもらうのはこのときが初めてでした。

きっとその封筒の中には母の気持ちが書いてある手紙が入っていると推察されましたが、それを読むのが怖くて、開封することができませんでした。

そのときはすでに父は亡くなっていましたので、母は、私の結婚について、私が道半ばにして航海士や研究者の夢をあきらめるのではという心配について、誰に相談することもできなかったと推測します。それで、私への手紙になったんだと思います。

結果的には、順番は逆ですが、私は母親になってから航海士と研究者にもなることができました。それは、自分の夢をあきらめない気持ちのほか、家族の理解と母の協力があったから成就したわけですが……。

しかし、自分が母親となったいまは、当時の母の心配な気持ちがとてもよく理解できます。

母は、二〇一一年の六月に亡くなりました。亡くなってから手紙を開封しようと思いましたが、やはりできません。いまでも未開封のまま取ってあります。この前、クリアファイルにしまってあった封筒を確認のため取り出してみると、な、なんと、糊が劣化していて封が開いていました。それでもやっぱり、中から手紙を出すことができませんでした。

そして、結局、私は母の言うことに耳を貸さずに、青山と結婚することに決めたのです。結婚を決めたのは、五月一日。青山の実家に挨拶に行ったのが五月一三日、結婚式が五月二五日でした。

母からの封筒。どうしても開封できません

新婚旅行

新婚旅行はフィジーに行きました。成田からフィジーに日本航空の直行便が就航して間もないときでした。しかし、われわれはお得なパッケージ旅行だったので、ニュージーランド航空でホノルルを経由して一日がかりでフィジーに行きました。フィジーに行こうと決めたのは、私の意見でした。私が小さい頃に毎週楽しみに見ていた、『兼高かおる世界の旅』というテレビ番組で見たのですが、フィジーでは、ふくよかな人ほど美人で、結婚前にはお嫁さんはたくさんの食べ物と一緒にかごに乗せられて木の高いところにつり下げられて、食べ終わるまで下ろしてもらえないという習慣があるということでした。食べることが大好きは私は、「そんなうれしい国があるんだ。いつか行ってみたい」と憧れていたのです。

青山繁晴と結婚してから、二〇一三年で三三年が経ちました。その間に、私は子供

新婚旅行のフィジーのホテルでのツーショット

をふたり産んで育てて、航海士の免許を取り、博士号を取り、南極に行き、そしていまはメタンハイドレート探査研究を続けています。

いまでは少しは社会の役に立っていると自分では思っているので、順番がちょっと普通と違いましたが、母も天国で「ちいちゃん、まぁやーね（母の口癖）、でも仕方ないわね」と納得してくれているかなと、密かに期待しています。

ガハハ、青山繁晴のできるまで～青山千春が青山繁晴の母から聞き取ったお話

その一【Z団】

これは、青山繁晴が小学四年の頃のお話です。

ある日、青山家に近所の奥さんが尋ねてきました。

繁晴少年のお母さんが応対に出ると、上目づかいで「奥さん、青山さんとこは、なにか新興宗教に入信したんですか」と聞くのです。お母さんは意味がわからず「え？　何でですの？」と聞き返すと、「それか、新興宗教をつくらはったんですか」と探るような、心配するような顔をします。

お母さんが唖然としていると、「そやかて、屋上に旗を揚げてはるから」

当時の青山家の敷地の中は、母屋の向かいに「青山織物株式会社」の副事務所がありました。本社とは別に、繁晴少年の父である社長が便利なように自宅敷地内にも事務棟があったわけです。屋上には、祝日に国旗を揚げるポールがあります。

驚いたお母さんは、裸足のまま外に飛び出しました。そして屋上を見上げると、国旗掲揚ポールに、Z（ゼット）の文字を黒く大書した白い旗が揚がっています。

しかし風にはためくことはなく、ちょっと不思議な感じです。目を凝らして旗をよく見ると、それは布製ではなく、画用紙にクレヨンで「Z」と文字が描かれてあるのです。

お母さんは（こんなことをやるのは、繁晴しかいない）と思い、すぐに繁晴少年を探しました。そして、やっと見つけた繁晴少年に「何、あれ？」とちょっと怒りながら聞くと、繁晴少年はあっさりと「うん、Z団、つくったから」

「ぜっとだん？　何なん、それ？」

「世の中を良くするんや」

ははぁ。お母さんはなぜか、すとんとわかった気持ちになって「世の中を良くするのは、大変、よろしい。そやけど、世間をびっくりさせては、いけません。旗、降ろしなさい」

せっかく近所の原っぱに同級生八人を集めて「Z団」結団式をやったのに。

繁晴少年は、そう思いつつ、結団式のとき、半分ぐらいの友だちの口がぽかんと開いたままだったことを思い出しました。そっか、世の中が良くなる前に「Z団」は解散。残念。次は何をやろうかな。

青山繁晴、小学五年生の頃。宝塚への家族旅行のひとコマ

第二章

両親は音楽家

軍艦に乗ってトランペットを吹いていた父

「はじめに」でも触れましたが、私の両親は音楽家でした。

父は海軍の軍楽隊でトランペットを吹いていて、戦時中は「足柄《あしがら》」という重巡洋艦に乗艦していました。

軍楽隊といっても、いつも演奏しているわけではありません。普段は「メスルーム」と呼ばれる士官の食堂でボーイとして働いていました。ボーイは艦長以下、士官が食事をするときの給仕役です。そして軍楽隊の演奏が必要なときはトランペットを吹きます。起床ラッパも軍楽隊のトランペット吹きの役目でした。

「足柄」は、軍楽隊が乗っていたということは、一番偉い人が乗る旗艦、いわゆるフラッグシップでした。一九四五年の六月、シンガポールを出港してインドネシアのジャカルタに向かい、陸軍の兵員や物資を乗せてシンガポールに戻る途中、イギリス海軍潜水艦に撃沈されました。

父は、戦時中にマラリアにかかり、しばらく「足柄」を下りてシンガポールで入院したという話をしてくれたことがありました。もしかしたら、マラリアで入院していたから九死に一生を得たのかもしれません。

シンガポールにいた父!?

私は科学者ですが、世の中には科学では説明できないことがあるし、人間には第六感があると信じています。その理由は、実際に自分で体験したからです。

何年か前のことですが、私は国際学会の発表のためシンガポールへ出張しました。宿泊したホテルのレストランで朝食を食べていたときです。レストランの壁は全面ガラス張りでその外側にはジャングル風に草木がたくさん人工的に配置されていました。とても気持ちがいいレストランでした。

生い茂っている草木のうちの一枚の葉っぱの上に、なんと父の顔が見えました。

そういえば、父はよく「南の島でハンモックに揺られてのんびり暮らしたいなー」と言っていました。だから、私は「あー、ここにいたのかー。願いが叶ってよかったね」と納得できました。そしてもう一度葉っぱの上を見てみると、やはり父の顔がそこに見

えました。帰国後に母に報告すると、

「まぁやーね。でもパパは南の島が好きだったからね。仕方ないわね」

説明できないエピソードはいくつも、いくつもありますが、たとえばもうひとつ。それは二〇〇九年頃、自宅のマンションの一階のエレベーターホールで私がひとりでエレベーターが降りてくるのを待っているときの話です。エレベーターホールの一部の壁はガラス張りで、もう夜だったので外は暗く、エレベーターホールは明るい状況でした。

その暗い外の地上から二メートルくらいの高さの所を右から左へ車輪のようなものがひとつ通過しました。どう考えても不思議な状況だったので、すぐに外に出て確認しました。しかし、すでにその車輪のようなものは、影も形もありませんでした。車輪のようなものは、SLの車輪のようでもあり、ロータリークラブのロゴマークのようでもありました。いままで見たことがない形でした。

私が車輪みたいなものを見てから、まもなく私の母が入院し、さらにそのあと青山が大腸がんの手術をしました。それから二年後くらいに奈良の薬師寺に行ったときのことです。そこで薬師如来を見たときに、ビックリしました。なんと薬師如来の足の裏に書かれていた宝輪が、私が二年前に見た車輪みたいなものそのものだったのです。

しかも、青山は大腸がんの手術直前に、ご縁があってこの薬師寺で「手術成功の祈願」をお願いしていたのです。

きっと仏様や神様が私に、「家族が病気になるから気をつけなさいよ」と予告したのだと思います。

父から教えてもらったこと

さて、そんな父が戦後、私に海軍や海のことをよく話してくれました。

「海は楽しいところだよ」

「ご飯がおいしかった。海軍では銀シャリが食べられたんだよ」

などといった楽しい話ばかりでした。

「海はいいよ〜」

「海に出ると人生観が変わるよ」

と言われて育ったので、私は海が大好きになりました。

それから、父はお酒が大好きでした。お酒は毎日晩酌を欠かしませんでした。一度に、日本酒一升瓶でも、ウィスキーボトル一本でも何でも「一本」飲み干してしまうので、それでは体に良くないと考えた母は、ウィスキーのポケット瓶や日本酒の一合瓶というのを毎日酒屋さんに「一本」だけ買いに行きました。なぜ毎日一本しか買わないかというと、何本も買うと家にあるお酒は全部飲んでしまうからです。それほど父はお酒が大好きでした。私はいつも母について酒屋さんに行きました。酒屋さんには当時量り売りのお酒もあって、店の中に入るとお酒のいいにおいがしました。そして店の奥には立ち飲みスペースもあり、お酒がしみこんだような黒光りのしている木製のカウンターがありました。その上には乾燥グリーンピースや白い豆、ピーナッツがそれぞれアルミのフタが付いた大きいガラス瓶に入っていました。当時はいまのような個別包装がまだ普及していなかったから、瓶の中からお玉のようなもので豆をすくって古い新聞を円錐の形に丸めた中に入れてくれます。とてもおいしそうなので、いつも母にねだって、たまに買ってもらいました。

それから、父はギャンブルが大好きでとても強かったです。

「ちいちゃん、ちいちゃん、ちょっとおいで」

父は手招きをして、母に聞こえないように小さい声で言って、私とこっそり一対一でトランプや花札をやりました。母に見つかると、「子供にギャンブルを教えてはダメ」と怒られるから、こっそりです。

そして、父は、毎日、起きたらすぐに「今日の運勢はどうかな？」と言って、トランプでソリティアをやりました。ソリティアは、ひとりでできる遊びです。マークごとに、エースからキングの順に重ねたカードを四組揃えたら上がりです。一回でクリアするといいました。「今日の運勢は最高だ」とウキウキしていました。パチンコにもよく連れて行ってもらいました。「ちいちゃん、このてっぺんの釘に玉を当てるように力を調節して玉をはじくんだよ、やってごらん」

当時はいまのようなダイヤルで玉を出すのではなく、一玉を口に入れて、親指でレバーをはじく手動式でした。玉が穴に入るとたくさんの玉が出口から出てきます。父は手先がとても器用だったので、いつもたくさんの玉を獲得し、それをチョコレートやお菓子に換えてくれました。

私がギャンブルが強いのは、小さいときにこうやって父に手ほどきを受けたからだと思います。それから、あるときを境にしてギャンブル運がさらに上昇しました。それは、私が三〇歳のときです。「今夜のおかずはやきとりにしようっと」と思い、週一回売りに来る屋台のやきとり屋さんへ買いに行く途中でした。私が二歳の次男の乗ったベビーカーを押しながら横断歩道を歩いて渡っていたら、前方不注意の右折の二トントラックがぶつかってきました。私はボーンと飛ばされ、骨折と全身打撲で、二か月間入院しました。この事故のあとから、ギャンブル運がさらに上昇したのです。

宝くじで、夢に出てきた四桁の数字を買って三〇万円が当たり、デパートの福引きでローマ旅行が二年連続で当たり、国内の温泉旅行も三回当たりました。三角くじを引くときには箱に手を入れて少しくるくるとかき回すと手にくじが吸い付いてきます。そのくじを取ると、三万円の商品券やお米一〇キロが当たります。事故からもう二八年経ちますが、ギャンブル運はいまだに好調です。

この「運」をもたらしたらしい交通事故は、私も、そして次男も本来は命を奪われたはずの重大事故でした。そこから命をどうにか繋いで生き延びると、「運気」が変っていたのです。

私がトラックにはねられたとき、ベビーカーに乗った二歳の次男は無事でした。目撃者によれば、トラックがぶつかる瞬間に私がベビーカーの持ち手を押して手を離したので、ベビーカーがトラックに巻き込まれずに済んだそうです。瞬間的に母性が働いたようです。自分では無意識の行動でした。次男が無事で本当に良かったです。

この事故のときには、こんなエピソードもありました。

救急車で搬送された病院で、ストレッチャーに乗せられた私を見た看護師さんが、

「あれ？　救急搬送された患者は、女性だって聞いていたけど？」

と、当時髪型が刈り上げで骨格が大柄な私は、すっかり男性に間違えられました。おかしかったけれど、骨折して全身が痛かったので、笑えませんでした。

そして、医師からは、

「良かったね、骨が頑丈なうえに脂肪もあって。普通の女の人なら二トン車にはねられたら、死んでいるよ」

と、ほめられたのかダメ出しされたのか、複雑でした。とにかく死ななくて良かったです。

入院した初日、ベッドに横になっても事故の影響か、全身の震えが止まりませんでした。「困ったな、どうしよう。子供たちはどうなっているかな」と心配していると、青山が取材先から急いで駆けつけてきてくれました。青山は当時、共同通信の大阪支社経済部の記者で、大阪市内のクラボウ（倉敷紡績）本社で繊維産業の未来について取材中でした。クラボウの広報担当者から「青山さん、奥さんが亡くなったという緊急連絡がいま、共同通信からありました」と、いきなり告げられたそうです。青山はすぐ、電車で私の緊急搬送先の病院に向かい、それには経済部長が同行してくれました。

青山は、電車の中で世界が違って見えたそうです。「幼い子供ふたりを残して、奥さんが交通事故で殺された人生に変ったんだ。さぁ、その現実に正面から向かい合え」と自分に言い聞かせながら、病院に入りました。

すると、廊下の先の病室入口近くに寝かされている私の頭が目に入り、私の眼が動いて青山を見たので、「生きてたっ。これは大丈夫だ」と確信したそうです。

「かに道楽」での快気祝い。右から母、うれしそうな次男、私、カニのお面をつけた青山、Ｖサインの長男

青山は大阪支社に京都の自宅から京阪電車で通っていました。ふだんは特急電車で直行するのに、私の入院中の二か月間ずっと、毎日、各駅停車などに乗り換えて、一日も欠かさず仕事の帰りに病院に来てくれて、私が大好きなたこ焼きやケーキを買ってきてくれました。記者生活は想像を絶するぐらい忙しいのに、二か月間、本当にありがたかったです。

長男の面倒は母に見てもらい、次男は青山の実家で見てもらいました。入院中に青山に頼んで本をたくさん買ってきてもらい、いままでで一番たくさん本を読みました。

退院したときには、家族と私の母と五人で

自宅の庭にて。左は母方の祖母。中央が私で、右が母。父が作ったベンチに座っています

京都の三条にある「かに道楽」で快気お祝い会を開いてもらいました。次男は「かにどーら」と呼んで、このお店が大好きでした。

家族の皆様、二か月間大変お世話になりました。あれでギャンブル運がさらに強くなるなんて、結果的にめでたしです。

さて、ギャンブルの強さを最初にもたらしてくれた父の話に戻ります。器用だった父は、うちの庭にあったベンチやブランコ、台所の食器棚もすべて自分で作ってしまいました。

それから、父は料理もとても上手でした。

父の手作りのポテトコロッケは、いまでも味を覚えています。どんなお店のコロッケよりおいしかったです。

私が料理が好きで、手先が器用なのも、父の影響だと思います。

逆に、母は小さい頃からピアノばかり練習していたので、家事はあまり教えてもらったことがないようで、うまくありませんでした。母は女学生のときに食パンを四切れ買ってくるように頼まれて買いに行き、四切れを四斤と間違えて大量の食パンを持ち帰り、お母さんに怒られたそうです。

母の料理で私が大好きなのは、鶏の竜田揚げと豚肉のショウガ焼きです。八宝菜や野菜炒めは、いまいちでした。思いっきりが悪く、弱い火力でゆっくり火を通しているので、完成したときには野菜がみんなぐったりしていました。

終戦後、ＮＨＫ交響楽団で出会った父と母

今度は母の若い頃の話をしましょう。

母は若い頃、とても勉強ができて、進学した国立音楽大学ピアノ科を首席で卒業しま

した。母は一九四五年に二〇歳でした。大学四年の頃には、もう大学で学ぶことはないので、ＮＨＫのラジオ幼児番組のピアノ伴奏に大学から派遣されました。初めての仕事が終わったときに、封筒に入ったギャラをプロデューサーが母に渡そうとしたら、母は「いいえ結構です」と断ったそうです。ピアノを弾いてお金がもらえるなんて夢にも思っていなかったそうです。

そして、ラジオドラマ創成期は、ちょうど黒柳徹子さんが活躍し始めた頃です。母はＮＨＫの子供番組で生演奏のピアノを本格的に担当するようになりました。番組のＢＧＭを生演奏でやっていたのです。

当時は東京・芝の愛宕山にＮＨＫの放送局があったので、母は番組収録のため、よく愛宕山に行っていました。そこはいま、ＮＨＫ放送博物館になっています。ちなみに一九二五年の日本初のラジオ放送も、この愛宕山から発信されています。母はＮＨＫとはずいぶん長く仕事をしていました。私が小さい頃、よく仕事に一緒に連れて行ってもらいました。とても楽しかったです。放送局には、面白い道具がいろいろありました。たくさんの乾燥した小豆の粒が行李の中に入っていて、行李の両側を持って左右にゆっくり揺らすと、豆が移動して、ザザーッザザーッと海の波の音に聞こえました。

私が三歳か四歳の頃のことです。舞台の演奏の仕事に一緒に連れて行ってもらいました。舞台の袖で椅子に座らされて母の演奏が終わるのを待っていた私は、そのうち飽きてきて、座ったまま足を前後にゆらゆら揺すっていました。その日は雨が降っていたので私は赤い長靴を履いていました。そしたら、会場から観客の笑い声が聞こえてきました。ショーがそんなに面白い内容なのかなと思って舞台を見ましたが、男性歌手が歌っているだけです。私がさらに足をぷらぷらさせると、また客席から笑い声が起きました。ショーの一ステージ目が終わってから、笑い声の原因がわかりました。私が飽きてきて足をぷらぷらさせていたのが、客席からは長靴が舞台の袖から出たり入ったりしているように見えたのでした。そして、ちょうどそのとき男性歌手が歌っていた曲が、「雨に唄えば」でした。ばっちりのタイミングで、子供の赤い長靴が出たり入ったりしたのです。母は、「済みませんでした」と男性歌手に謝りましたが、男性歌手は、「次回のステージで長靴を履いたお嬢さんをだっこして歌ってもいいですか?」と逆に母に頼みました。

当時私はとても引っ込み思案で、知らないおじさんにだっこされて舞台に出るなんて絶対イヤだったので、泣いて拒否しました。そして母はふたたび申し訳ないと謝っていました。結局、次のステージでは男性歌手は私の長靴を片方だけ持って「雨に唄えば」を歌いました。私は長靴を片方だけ男性歌手に貸してあげました。演出に役立ちました。話がそれました。

次は再び父の話に戻ります。

父は海軍の軍楽隊のまま終戦を迎えました。その後、軍楽隊から成績上位三番目までの人が東京藝術大学に入学できることになり、父はその中のひとりに選ばれました。藝大にはトランペットではなく、バイオリンで入学したと聞きました。

その後、どういう経緯か詳しくはわかりませんが、ＮＨＫ交響楽団からメンバーが足りないときにお声がかかり、メンバーになって演奏したそうです。

敗戦後はメンバーの中で戦死された方がいらしたので、その穴を埋めるべく、知り合いのつてを頼りに演奏が上手な人を外部から呼んで、楽団としての態勢を整えていたようです。

実は、同じような経緯で母もＮ響に呼ばれたと聞いています。そして、そこでふたりは知り合ったようです。

恋愛中の話は、詳しく聞くことができなかったのですが、母から聞いたエピソードがひとつあります。デートの待ち合わせのときの話です。愛宕山のNHKで仕事を終えた母は、山手線に乗り、田端駅で降りました。父との待ち合わせ場所です。田端駅は当時国鉄の車庫があり線路がたくさんあったので、その上に長い長い陸橋がありました。父の実家はその陸橋の向こう側の足立区にありました。母が駅の改札口で待っていると長い長い陸橋の向こうから父が歩いてくるのが見えて、とてもワクワクして楽しかったと言っていました。そのときはふたりで池袋の映画館に映画を見に行ったそうです。

それから数年後、一九五二年に、ふたりは結婚しました。

進駐軍オフィサーズクラブでジャズバンド

経緯は定かではありませんが、父は、『ブラック&イエロー』というジャズバンドを結成しました。北海道の札幌と青森県の八戸にあった進駐軍のオフィサーズクラブ、つまり将校クラブで演奏をしました。そして、そのメンバーとして母も加わりました。

母は初めてジャズの譜面を見たときに、「あっ音符がない」とビックリしたそうです。クラシックの曲ばかり弾いてきた母には、コードしか書いていないジャズの譜面には、面食らったようです。

初めのうちは、ジャズで必要とされる即興演奏がぎこちなかったようですが、母は超真面目で努力家なので、練習してすぐに慣れたようです。

母は晩年まで家ではクラシックピアノをお弟子さんに教えていましたが、プレイヤーとしてはジャズやポピュラーの演奏のほうが多かったです。

二〇一一年六月の母のお通夜と告別式のときには、母が七〇歳の頃に演奏したジャズのライブの曲を会場に流しました。「享年八六歳は、大往生ですから、ご自身の演奏したジャズで明るく見送りましょう」と葬儀社の方に言われました。桐ヶ谷斎場にはちょっと場違いなジャズの曲が流れ、参列された方は「斎場で何でジャズ？」と訳がわからなかったかもしれません。

青山千春生まれる

私は昭和三〇年、一九五五年に東京で生まれました。

私がもの心つく頃、バンドをすでに解散した父は、フリーでトランペット奏者をやっていました。仕事のオファーがたくさん来ました。当時はカラオケはもちろんまだないので、歌の演奏はすべてバンドの生演奏でした。また映画音楽のスタジオ収録も生バンドでした。ＮＨＫ紅白歌合戦の演奏も毎年オファーが来ていましたので、大晦日はいつも父は仕事で不在でした。

そして、ピアニストの母にもクラシックからポピュラーまでオファーがたくさん来ました。

両親が演奏旅行で長期間いないときは、私は母の実家に預けられることが多かったです。実

七五三のときの両親との写真

家の隣家にはふたつ年上の女の子がいて、よくその家に遊びに行きました。その家は四人も子供がいたのでとても楽しく遊びました。私の当時の自宅は池袋にありました。母の実家は歩いて行けるくらい近くにありました。

両親が日帰りの仕事のときには、前述のように、よく仕事場に一緒に連れて行ってもらえました。が、小さい頃は、両親が長期不在のときは母の実家にお泊まりでした。そこには祖父母も一緒でしたが、やはり夜寝るときは寂しくなりました。このまま自分は両親に捨てられるんじゃないか、もう両親が帰ってこないんじゃないかと子供心に心配になりました。

だから、私に子供ができたときは、船に乗りたくなっても、せめて下の子が小学校一年生の間までは、専業主婦で子育てしようと決めたのです。なぜ小学校一年生かというと、小学校一年生のときは学校生活に慣れなくてはいけないからです。そのときには母親のサポートが必要だろうと期限をそこに決めたのです。

実際に、次男が小学校二年生になったと同時に、大学に戻り八か月間の世界一周航海に出ました。行動するのは、このタイミングしかないと思いました。

自分も子供の頃は寂しい思いをしていましたから、母親が近くにいない子供の気持ちはよくわかります。しかし、あとになってから、「子供を育てるために自分の人生を犠牲にした」と思いたくありませんでした。そのほうが子供にとっても自分にとっても、もっと不幸だと思ったからです。

そうならないためには、ある時点で踏ん切るしかありません。

母は、私が生まれてからは仕事をセーブして子育てに専念してくれました。仕事にもっとウエイトを置いて活動していれば、音楽業界の最前線でさらに長く活躍できたのではと、私は残念だし少し申し訳なくも思っています。しかし、母が亡くなったいまでは、本人の気持ちを聞くことができません。

騒々しい楽屋が大好きだった小学校時代

高度成長期で日本が元気になっていくとともに、父はスタジオ・ミュージシャンとしても活躍していました。映画音楽の演奏のときには、大泉とか大船とか、撮影所にしょっちゅう行っていました。あるとき日野皓正さんと同じスタジオで演奏したこともあったそうです。

それから『鉄腕アトム』や『ジャングル大帝』のテーマ曲の中のトランペットの音、あれは私の父が吹いています。

それから、歌手のアイ・ジョージさん――一九六〇年代に「ドドンパ」ブームを起こして、一二回連続でＮＨＫ紅白歌合戦に出場しています――が、一九六五年に「赤いグラス」というヒット曲を出しています。

そのアイ・ジョージさん主演で、歌のタイトルそのままの『赤いグラス』という映画を日活が作ったのですが、劇中でナイトクラブみたいなところでバンドが演奏しているシーンで、父が出演し、トランペットを吹いています。

父が仕事で撮影所へ行くときには、私もよく連れて行ってもらいました。その頃はもう小学生になっていたので、父を待っている間に楽屋で学校の宿題をしていました。なので、私はナイトクラブの楽屋とか、テレビ局や撮影スタジオの楽屋の雰囲気が、小さい頃から大好きでした。ちょっと普通の生活と違う空間でした。

そのせいか、私は騒々しい環境のほうが落ち着きます。集中力もつきました。逆に静かな環境では、そわそわ落ち着かなくなります。

だから、寝るときもずっとテレビがついていて、遠くで何か音がしている環境が大好きです。青山は、電気を消して真っ暗にしても眠れるようですが、私は部屋が明るくないと絶対眠れません。私が船の生活が好きなのも、航海中は、誰かが必ず起きて船を動かしているし、エンジンの音や波の音がして騒々しいからです。

私がお弁当が好きなわけ

それから楽屋で用意されているお弁当も大好きでした。父は、自分はお弁当が好きではないのでその場で食べないで、私のためにお土産に持ち帰ってきてくれました。

新宿駅前の、いまはアルタになっている建物は、私が小さい頃には「二幸」というお店でした。ここのお弁当がなかでも一番好きでした。とてもおいしかったです。

ちなみに、昭和天皇が崩御されたとき、青山は共同通信の政治部の記者で、官邸記者クラブに所属していました。取材は連日徹夜態勢なので、毎日お弁当が用意されました。

そのお弁当を、青山は自分ではあまり食べないで、その分や余った分から必ず一個持って帰ってきてくれました。私が小さい頃からお弁当が大好きなのを知っていたからです。特に「鳥久」や「まい泉」のお弁当はとてもおいしかったです。つい喜んで食べているうちに私は体重が一〇キロぐらい増えました。

自宅の内装、シャトー・ド・チャリンヌ

私は、子供が小さい頃に描いた絵や工作を大切に取ってあります。そして、かねてからそれらを保管しておくだけではなく、いつでも見ることができる場所に飾りたいと考えていました。二〇一二年、マンションの内装を新しくするのを機に、子供たちの作品を内装の一部に利用しました。

台所の壁を一〇センチ四方のタイルにし、その中に子供が作ったタイルを五枚入れました。怪獣やガンダムやリンゴやブドウなどが描かれています。それから、子供が小学校・中学校のときに描いた絵の中から五枚選び、それに合う額を世界堂（関東地区を中心に展開する画材屋さんです）のこだわりのスタッフと相談して決めて、額装して壁に飾っています。そして、次男の美大卒業作品である大きな二枚の版画を飾るために壁を

ぶち抜き、ふたつの部屋をひとつの大きなギャラリーにして壁一面にそれぞれの版画を飾りました。

青山は、「親ばかチャンリン、そば屋の風鈴」と言い、この新しい部屋を「シャトー・ド・チャリンヌ」と命名しました。

完成したときに子供たちに部屋をお披露目したら、なんとなくうれしそうだったので、ホッとしました。

特に次男は、小さい頃に私が遠洋航海に出て、長期間不在だったとき「自分は捨てられた」と思っていたのかもしれません。

私がシャトー・ド・チャリンヌを作って、次男の小さい頃の作品をすべて取っておいたのを見て、「自分のことを大切に思っていてくれていたんだ」と、長年の不安な気持ちが吹っ飛んだのかもしれません。久々に見た次男の笑顔でした。

ガハハ、

青山繁晴のできるまで～青山千春が青山繁晴の母から聞き取ったお話

その二【何でもお悩み相談所】

これも、青山繁晴が小学四年の頃のお話です。

ある日の午後遅く、青山家にひとりの見知らぬ中年の女性が訪ねてきました。近所の人ではありません。

繁晴少年のお母さんが、「どちら様でしょうか」と応対に出ると、その女性が「あの、こちら『何でもお悩み相談所』でしょうか？　相談したいことがあるのですが……」と言います。

お母さんは、女性の言葉の意味がまったく理解できず、「はぁ？　こちらは相談所ではございませんが……」と答えると、女性はちょっと困ったように「お宅の門柱に『何でもお悩み相談所はこちら』という貼り紙がありましたから」と言葉を続けます。

「『こちら』って、門の中へ矢印も付いていました。だから私、お伺いしてみたんです」

お母さんは、あっと声が出そうになるほど、ピンと来ました。

なにせ、その少し前には「Z団」の旗、「世の中を良くするんだ」という少年Z団の紙製の旗を天高く掲げられて、近所の人に「青山さんは新興宗教を始めたのか」と誤解されたばかりです。

お母さんは、そのときすぐに、画用紙の旗を降ろさせたのでした。

(繁晴が、それじゃあと、次にやったのが、これじゃないやろか)と頭が動き、今度も大慌てでサンダルを突っかけ、というより、今度もほとんど裸足で飛び出す心境で小走りに門の外に出てみました。

ありました、確かに。

「何でもお悩み相談所はこちら←」という、ただし、どう見ても子供の字の、縦長の貼り紙が右の門柱に貼り付いています。

そして、外門の中にある内門の石垣には「お悩み相談所は←」という、次の矢印付きの貼り紙があり、その先の松の木の幹にも「お悩み相談所は←」とあり、さらにその先の生け垣にも「お悩み相談所は←」とあり、そうやって最後には、子供部屋の縁側にたどり着くようになっていたのでした。

こうしたいわば途中ルートの貼り紙は、すべてノートの罫線が入っている紙、つまりはノートの切れ端です。そしてやっぱり、どう見ても子供の字です。

ところが、先ほどの中年女性は、さすが悩みを抱えているせいなのか、あとの貼り紙には一切気づかず、玄関を探して、お母さんと顔を合わせたのでした。

お母さんは、玄関でポカンとした表情でまだ待ってくれていた女性には丁重にお引取りいただき、家の中の長い廊下を走って子供部屋へ急ぎました。

繁晴少年は、壁に向いていた勉強机の向きを変え、机の上にノートと鉛筆を用意して、人待ち顔で座っていました。

玄関でそんなやりとりが行われて、相談者が帰ってしまったとは知らず、いまかいまかと部屋で待っていたのでした。

でも、最初に現れたのはお母さんで、たくさん怒られましたとさ。作戦再び失敗、残念。

第三章

謎解き大好き

家庭でも学校でも、一切受けなかった男女の差別

小さい頃より、父から海の話を聞かされていたこと、それから両親が私を特別に女の子扱いしなかったこと、それが私の生き方に大きな影響を及ぼしています。

父は私が小学校三年生の頃に誕生日プレゼントとして天体望遠鏡を買ってくれました。それで初めて月をのぞいたときには、月面に手が届くくらい近くに見えました。山脈や海がくっきりはっきり見えました。

うちには、純文学の本は一冊もありませんでしたが、図鑑や推理小説はたくさんありました。それに父は鉄道の時刻表や地図を見るのが大好きでした。よく時刻表を見ながら「この駅でこの特急から別の特急に乗り換えて、ここの乗り換え時間の間に駅弁を買って……」と〝想像・鉄道の旅〟をしていました。だから私も寝る前に布団に入ってから、地図帳を見ながら想像旅行を楽しみました。

父も母も、私に「女の子らしくしなさい」と言ったことは一度もありません。ふたりとも音楽家なので、性別の違いを意識することなく、育ててくれたのだと思います。「や

りたいことをやりなさい」と個性を大事にしてくれました。

中学は千代田区一番町にある「女子学院」に入りました。世間からは女子御三家といわれる学校です。

「女子学院」という名前からもわかるように、明治初期に日本で初めて設立されたミッション系女学校です。当時は初めての女子校だったので、頭に何も付かないただの「女子学院」なのです。

私が入った当時でもう創立一〇〇周年を迎えていた、長い歴史のある学校です。ちなみにOGには女優の吉行和子さんやアナウンサーの膳場貴子さんがいます。

そこでは、社会に役立つ女性になるという校風が脈々と受け継がれていました。だから私は、家庭でも女子学院でも男女の差別を一切受けずに育ったのです。

私はそういう環境で育ったので、高校三年生のときに航海士になるための大学を受けようとした際、〝女〟というだけで門前払いされる現実を知り、信じられませんでした。

この話はまたのちほどお話しします。

まず、父の影響で海に対して漠然と持っていた憧れから、「航海士になる」という具体的な目標を持つようになった女子学院時代の話をしたいと思います。

人生を変えた猪郷久義先生の面白授業

私が女子学院の高校生のとき、世界的に有名な古生物学者の先生が地学を受け持っていました。

「コノドント」という小さな化石を発見した、当時の東京教育大学（現・筑波大学）の猪郷久義《いごうひさよし》先生です。講師というかたちで来てくれていました。

現在は筑波大学名誉教授で、コノドント研究の世界的権威です。

先生が見つけたコノドントというのは、櫛みたいな形の、動物の体の一部と思われる歯状の微化石で、当時はどんな生物の化石なのか正確にはわかっていませんでした。

猪郷先生の授業は、それまで受けてきた授業と全然違い、想像力がかきたてられるもので、私は面白くてしょうがありませんでした。

例えば、教室の黒板の端にチョークで直径三センチメートルくらいの丸を書いて、「もし太陽がこの丸の大きさだったら、地球はどのぐらいのところにありますか？」

と生徒に質問を出します。

みんなはそれぞれ考えながら黒板に地球を書くと、先生はうれしそうに、「答えです」と言いながら、黒板に書いた太陽に見立てた丸からずーっとチョークで線を引いていって、黒板だけでは足らずにそのまま廊下に出て、まだ廊下の壁にずーっとチョークで線を引いてしばらく歩き、「だいたいこの辺です」と言いました。

この教え方が私にはすごく新鮮でした。地学がいかにダイナミックなことを扱っている学問かというのが一発でわかる授業でした。

猪郷先生は、試験もまたユニークでした。だいたいの授業は、試験前に試験範囲を告知して「この範囲を復習して試験に臨みなさい」というかたちでしたが、猪郷先生だけは、「試験準備は一切要らない」と言うのです。例えば「露頭」という地層・岩石が露出している崖みたいな所がありますが、この露頭が試験用紙に描かれていて、「自分ならどこを掘るのか絵で説明しなさい」という問題です。

「ここは火山が噴火して火山灰が溜まった関東ローム層、貝殻が含まれている層が三層あるから三回は海になっていた」とか、露頭を見ながら過去のことを説明するのが私にはすごく楽しかったです。座学で覚えたことに加え、想像力も使って解き明かしていくというのが大好きでした。

いま、私が水中音響学をやっているのも、魚群探知機を使って普段は見えない海の中がわかり、謎が解けるという感覚がすごく好きだからです。

魚群探知機をつけたままずっと船で走っているときに魚群がワーッと集まっているのを見つけると、「あ、この辺に何かおいしい海藻があるんだろうな」といろいろ想像が膨らみます。

だから私は考古学も大好きです。

小さい頃、地図帳を見ながら想像旅行をしていたり、推理小説の謎解きが大好きだったり、すべてが想像する楽しさに通じていると思います。

将来は南極に行って化石を掘る！

猪郷先生の授業の中で、大陸移動説を知りました。ちょうどプレートテクトニクスの実証データが世界中で学会に発表され始めた頃です。当時の最新の学説だったのです。

その授業では、マダガスカル島から話が始まりました。

「いまは暖かい気候のマダガスカル島といまは寒い気候の南極大陸、その両方でまったく同じ種類の恐竜の化石が採れます。それはどういう理由でしょうか？」

そう先生は質問しました。

生徒が答えたのか、先生が説明したのか記憶が曖昧ですが、

「じゃあ、この島と大陸、昔はくっついていたんじゃないですか。くっついていたなら気候も同じようだから、同じ動物がいた」

という話になりました。授業の導入としては、完璧です。つかみはオッケーです。そして大陸移動説の説明に入っていきました。

「昔、ウェゲナーというドイツの学者が『大陸移動説』を提唱しました。彼は、アフリカ大陸と南アメリカ大陸の海岸線がそっくりなことに気がつき、『破られた新聞紙の切れ端の縁を合わせて、文字がちゃんと並んでいるのをチェックできれば、紙片はつながると結論できる』というようなことを言って、大陸はかつてひとつの超大陸『パンゲア』であったと主張しました。彼の学説は長い間、忘れられていましたが、最近、海洋を調

べるいろんな機器が発達して、実際に陸地が動いていることがわかってきました。だから、いまは暖かい所に位置しているマダガスカル島と、寒い所に位置している南極大陸に分かれていても、昔はくっついていたひとつの大陸で、温暖な気候であったから、同じ種の恐竜が棲んでいました」

この授業が、私の「謎を解きたい気持ち」に火を付けました。

〝これは絶対、南極へ行って化石を自分で掘るしかない！〟

そう決意しました。

この授業が私の人生の方向を決めました。それからは、どうやって南極に行くのがいいのだろうと真剣に考えるようになりました。

大陸移動説の話を聞いて、すぐに猪郷先生が顧問をしている「地学班」――いわゆる「地学部」なんですが、女子学院ではクラブのことを「班」といいます――に入りました。

それから先生と一緒に埼玉県の長瀞《ながとろ》や秩父の山に巡検(研究のためのフィールド調査)に行き、フズリナや二枚貝の化石などをハンマーで叩いて採取しました。

巡検の休憩時間のとき、先生はいろいろと面白い話をしてくれました。

女子学院高校時代、地学班で埼玉県秩父市の長瀞を巡検。座っているのが猪郷久義先生。後列右端が私

例えば、日本のどこかに三葉虫やコノドントの化石を探しに行ったときの話。

化石が全然見つからなくて、あきらめて帰る途中に、バス停でバスを待っていたとき、「あ～疲れた」と伸びをしたら手に石が当たり、その石を何気なくつかんでよく見てみたら、それが三葉虫の化石だったそうです。

そして、その辺りを見渡すと地面に転がっている石ころの多くが三葉虫の化石だったそうです。

フィールド調査の面白さを教えてもらいました。そしてフィールド調査には「努力」が導き出す「運」も大事だとわかりました。

猪郷先生との出会いがなければ、いまの自分はありません。船乗りにならなかっただろうし、もちろんメタンハイドレートを発見することもなかったです。猪郷先生、ありがとうございました。

私が四一歳で博士号を取ったときに、やっと夢に近づいたので、うれしくて、猪郷先生に真っ先にお知らせしました。

先生からは「四〇代は研究者が最も活躍する年代です。大いなる社会貢献を期待します」といううれしいメッセージをいただきました。

さらに、私がメタンハイドレートの研究を始めた頃には、日本地質学会に入る必要がありましたが、水産学博士の私には異分野である日本地質学会には知人がいませんでした。会員の紹介者がいなければ入会できない決まりがありました。そこで、会員である猪郷先生に紹介していただき無事に入会することができたのです。

門前払いされた航海士になる道

さて、話を高校時代に戻します。高校三年の四月に、大学進学を考えたとき、「南極に行くためにはどういう大学を受験したらよいか」と考えました。

まず、南極に行くためには、船に乗る。さらに風も波も寒さも厳しい「吠える南氷洋」を越えなければ南極に到達できない。それなら、まずは体力のあるうちに「航海士」の免許を取り、船や海に慣れておくべきだと考えました。そのうえで、南極で化石を掘りたい、地質学をやりたいと考えました。

いま思えば、頭がフル回転できる若いうちに学術的な勉強をしたほうが良かったのかもしれません。

私は高校三年のとき駿台予備校の高三クラスに通っていたので、そこで船乗りになるにはどの大学を受験すればいいか調べました。

防衛大学校や海上保安大学校という、「大学校」と付くところで船乗りの免許が取れることがわかりました。それから東京商船大学（現・東京海洋大学）もありました。大学には自宅から通おうと思っていたので、神戸商船大学（現・神戸大学海事科学部）は考えませんでした。

それで、いま初めに挙げた三つの大学に願書や入学関連の問い合わせをしました。

「えっ⁉　女子はダメですよ。航海科は受験できません。男子だけです」

と即答されました。

基本的に全寮制で、寄宿舎は男子ばかり、女子の施設はないというのです。だから「そもそも女子は受験ができない」と、その三校ともに言われました。

願書も出せず、まさに門前払いです。

困っていたら、母が、「そういえば、知り合いの人が東京水産大学を出て、捕鯨船に乗っていたわよ」と教えてくれました。そこで、東水大に〝ダメもと〟で電話をしてみたら、「うちは……（学則をパラパラとめくって確認している様子）……女子が入学できないという学則はないですね。受験できますよ」と、やっと受け付けてもらえました。

そこで、「船乗りになって南極に行くにはここしかない！」と考え、東水大を受験することにしたのです。東水大はちょうどいまから一〇年くらい前に東京商船大学と統合されて、いまは「東京海洋大学」と名前が変わっています。

航海士になることには父も母も大賛成

「東京水産大学の漁業学科に入り、専攻科で一年間の遠洋航海実習に出ると航海士の免許を取れるんだって！」

父にそういう話をしたら、すごくうれしそうでした。

それで、高校三年のときに「海鷹丸《うみたかまる》Ⅱ世」という東水大の海洋調査船・練習船が晴海埠頭で一般公開されるというので、見学に行こうと思いました。ためしに父を誘ったら、「一緒に行く！」とすごく乗り気でした。女子学院のときには、合格発表のときに来てくれただけでそのほかのイベントにはまったく参加しなかった父だったので、驚きました。

ふたりで海鷹丸Ⅱ世を見学して、そのときにブリッジの外で私が船員風に敬礼している姿を

海鷹丸Ⅱ世で父が写真を撮ってくれました

父が撮ってくれた写真、いまでも残っています。

父は、私が船乗りになるのが相当うれしかったようで、入学式には来てくれるし、三年生のときの初めての乗船実習の際、晴海埠頭に見送りにも迎えにも来てくれました。

一方、母も東水大進学には大賛成でした。

洗濯とか掃除とか、「女性なんだから家事をやりなさい」とは一切言ったことがありませんでした。

逆に、「人と違うことをやりなさい」「勉強して社会の役に立ちなさい」とよく言っていました。たぶん母自身がそうだったからだと思います。

入試問題は手書きの出題用紙!?

唯一願書を受け付けてくれた東水大の受験の日のことです。

一応、私は東大を受けるつもりで駿台予備校にも行っていましたし、受験勉強はしていました。

問題用紙を開いてみると……英語は中学生レベルくらいで、一〇分程度で簡単に解けました。「うわっ、あんなに勉強しなくても良かったーっ」と、ちょっと拍子抜けしました。

当時は共通一次試験も大学入試センター試験もなかったので、国立大学はそれぞれの大学で試験問題をつくっていたのです。

地学の入試問題はさらにビックリでした。なんと、手書きのガリ版刷りの出題用紙だったのです。約四〇年前とはいえ、大学の入試問題ですから、ふつうは印刷物ですよね。

その頃は秘密が漏れないようにするために大学入試問題は刑務所で印刷されていたそうです。だから、ビックリしました。ガリ版刷りというのは、薄いロウ引きの紙に鉄筆で文字を書き、版画のようにインクを載せて刷る方法です。

理科は物理、化学、生物、地学の四科目から二科目を選択するのですが、地学を選択した受験者が八人しかいなかったようで、ガリ版刷りになったらしいです。

そのうえ、地学の問題はすごくざっくりしていました。一問目は「世界の海流を図示しなさい」でした。もちろん、世界地図をちゃんと書けたうえで、「黒潮」「メキシコ湾流」といった流れを書き込まなくてはならないのですが、地学を受験する人間なら誰もが知っている基礎問題です。

それから、二問目が「水の大循環を書きなさい」でした。海の水が蒸発して上空で雲になり、それが雨となって大地に降り、川に流れて海に戻る……という、その循環を書けば正解です。

あともう一問ぐらいあったと思いますが、とにかく全体的にビックリ&がっくりした受験でした。

とにもかくにも、こうして私は「南極に行く」「航海士になる」という夢を叶えるために、東水大に合格しました。

女が船に乗ると海が荒れる！

私が入ったのは水産学部漁業学科で、一学年一一六人ほどいましたが、その中で女子はもちろん私ひとり。そのため〝開闢《かいびゃく》以来の女子学生〟といわれて、かなり目立つ存在になりました。

その当時は、防衛大学校ですら私を門前払いしたくらいですから、航海科には女子学生がいませんでした。

だから、私が東水大に入ってから、「女子がひとり入っても大丈夫だろうか」と、〝これまでは女子がいないのが当たり前だった〟あちこちの大学から東水大にヒアリングに来たそうです。

世の中は、ようやく「男女雇用機会均等法」が制定され、男女平等が意識され始めた頃です。私の東水大への入学を機に、新たに女子を受け入れるところが増えていきました。

そうしたきっかけを多少なりともつくったパイオニアのひとりだと、私自身、自負しています。

ただし、大学に入ってからすべてが順風満帆だったというわけではありません。

昔からある迷信ですが、

「海は女性名詞だから、女を船に乗せると嫉妬して海が荒れる」

「女が船に乗ると、板子一枚下の地獄に船が沈む」

と、海の世界では女性が恐れられていたのです。

「船に乗ってくるな。海が荒れるからやめてくれ！」

と、学生や乗組員から面と向かって真剣に言われたことが何度もあります。

いまだったら、「何バカなこと言ってんの！」くらいのことは言えるかもしれませんが、
私はひとりっ子だったこともあり、他人と喧嘩したことなく大学生にまでなりました。

だから、いきなりそんなこと言われて困りました。

まだまだ女性に対して、偏見が残っていました。驚きました。

男子用の設備しかなかった船の中

基本的に「海は男の世界」でしたから、最初に船に乗った頃は設備も男子用ばかりで、
女子用のお風呂やトイレもない状況でした。
女性に理解ある士官がいて、
「風呂に入るときは、これを入口のところに下げて、中から鍵を閉めろ」
と、「女子入浴中」とマジックで書いた木の札を作ってくれました。でも、「これじゃ
余計に目立っちゃうじゃん」と思いましたが、ありがたかったです。

それから、私が入るまでは船内は完全な男社会でしたから、みんなお風呂から上がって、服を着ないで自分の部屋まで帰るのが習慣になっていたようです。そんなときに廊下で私と遭遇すると、相手のほうがめちゃめちゃ焦っていたのをよく覚えています。私は別に気にしませんでしたけどね。

あとはトイレ。これは札を下げるわけにはいかないので困りました。

そのことを士官に相談したら、

「トイレの前の廊下で、まず左右を見渡して、人がいないときに入れ」

と言われました。しかし、私がトイレの個室に入っていても、みんな気づかないで入ってくるわけです。だから、逆に男子が用足ししているときに個室から出て鉢合せしないように、出るときのタイミングを計るほうがとっても大変でした。

「女がいるとやりにくい」と言われましたが、それから四〇年経ったいまでは航海科は女子学生のほうが多い年もあるそうです。女性がんばれです。

海の世界に残る、驚きの性差別

東水大は、私が入ったことを機に女子学生が増えたのですが、女子の入学人数を調整していたといううわさがありました。

入試の成績が優秀な順で合格を決めていくと、全員女子になってしまうから、女子の受け入れ人数を制限しているというのです。

それから、つい最近、大学の先輩との懇談のときに、こんな話も聞きました。

先輩はすでに大手の水産会社をリタイアした人ばかりです。

そこで、先輩たちが、

「うちの会社も、入社試験は筆記試験の点数だけで採ったら全員女子になっちゃうからね」

「そうそう、女子ばかりになると困るから、面接で適性を見て男子を救っているんだ」

などと平気で雑談しているのです。

なぜ全員女子では困るのでしょうか、理解できません。「いや、女子は結婚して子供を産み、育てなくてはならない、だからダメ」というのは、男性の思い込みだと思います。

海の世界、船の世界のみならず、いまの日本の社会は、男性中心社会が当たり前という流れが脈々と流れています。

優秀なら男も女も関係ないです。女性だからということで最初から門戸を閉ざす、狭める、というのは良くないです。私の場合、両親も自由に育ててくれたし、女子学院での教育もありましたから、どうして性別だけで最初から決めつけるのか、理解できません。性別に関係なく、中身を評価してもらいたいと思います。

海外では、海洋研究者の中にも女性はたくさんいます。私より年上の現役の女性研究者もいます。海外は、働くのに性差別や年齢差別はなく、実力重視なのです。日本も早くそういう社会になってもらいたいです。

当時は「漁業学科」でしか取れなかった航海士免許

東京水産大学には、漁業学科のほかに、海洋環境工学科、食品学科、増殖学科というのが当時ありました。

私が入った漁業学科というのは、その名の通り、魚を獲るための学問です。漁撈《ぎょろう》設備について学び、例えば、資源管理上、稚魚を獲らないようにするために網の目合いはこの大きさがいいとか、魚種判別ができる魚群探知機の開発とか、そういう研究をしていました。そのほかに、航海士を養成するための授業や乗船実習がありました。

海洋環境工学科というのは、私が入学した年に漁業学科から分かれた学科で、人がつくりだした汚染物の、環境への影響や環境アセスメント、生物と環境の関わりなど、当時注目され始めた環境保全に関する研究のため、大学が新設した学科です。

食品学科というのは、缶詰を作る、また作った缶詰の中身をどうしたらおいしく保てるかなどの研究を行っていました。水産会社への就職率は抜群でした。

増殖学科とは面白い名前ですが、これもそのままの意味で、魚を養殖したり、魚の生態や病理を研究したりしていました。東水大の中では一番アカデミックな感じの学科でした。

ちなみに、当時は東水大に行くと必ず航海士の資格が取れるというわけではなく、私が進んだ漁業学科だけで取ることができました。だから、私は漁業学科に進みました。

当時は捕鯨やマグロ漁が盛んで、しかも造船会社や海運会社が高嶺の花でした。水産会社も自前で船を持っていましたから、航海士の免許を持っていれば、ほとんど全員が会社に就職し、世界の海で活躍できました。「花の漁業学科、頭の増殖学科、あとで得する食品学科」と当時の東水大では言われていました。

しかし、いまは航海士の免許を持っていても、就職はなかなか難しいようです。

私の初航海を見届けて亡くなった父

そして、第一章の冒頭に書いたように、私が青山と出逢ったのが大学三年のときです。小樽で取材されて記事が新聞に載ったのが七月の航海のときだったので、青山に初めて会ったのは九月ぐらいだったと思います。

そして、その年の一〇月に父が亡くなりました。享年五三歳でした。父の誕生日の一週間前でした。

父が亡くなるまで仕事をしていたショーは夜の開催が多かったため、普通の人とは昼

最初の航海を終えて東京に戻ったとき、父が迎えにきてくれました。これが父との最後の写真となりました。1976年8月10日

夜が逆の生活でした。そのうえ、お酒をよく飲むし、タバコも大好きでした。ある日、朝になっても起きて来ないので母が寝室に見に行ったら、亡くなっていました。死因は狭心症でした。

父は、さぞ心残りだったと思いますが、私が初航海に出たことや、新聞に取り上げられたことはかろうじて見ることができたので、私は少しだけ親孝行ができたと思うようにしています。

乗船実習のエピソードと父の航海のエピソード

乗船中はお風呂はシャワーだけです。やはり、湯船にゆったり浸かってリラックスしたくなります。だから、港に近づくとブリッジにいる学生はみんな双眼鏡を港の方へ向けて銭湯の煙突をまず探します。そして、「あ、あの辺だな」っていうのをだいたい把握しておいて、船から降りたらすぐ銭湯へ向かいます。当時はスマホなどがない時代でした。こうして人力で探して学生みんなで行きました。

四年生の実習の際に、愛媛の宇和島に寄港したときのことです。学生みんなで、「どうせなら松山まで足を伸ばして、道後温泉に行かない?」という話が盛り上がって、レンタカーを二台借りて、大人数で道後温泉へ行ったことがありました。

ただ、男子はみんな一緒に男湯に入れて楽しそうなのですが、私はひとりで女湯です。しかも、ビシッと制服を着ていますから、目立ちます。

まず脱衣所に入ると、そこにいた地元のおばあさんたちの手が止まり、じーっと見られます。そして、湯船に入ると、だんだん地元のおばちゃんたちが近寄ってきて、「あんた、どっから来たん?」「なんであんな制服着てるん?」

1976年、東水大4年生のときの実習のひとコマ。大荒れの瀬戸内海にて。倒れているのが私

「自衛隊？」「船はどこの埠頭におるの？」と、もう質問攻めに遭います。

船にも湯船はあって、一応沸かすことはできますが、海水を使います。海水風呂です。それも毎日ではなく、港に着く前の日などに、お湯を沸かすための燃料が余っていれば、沸かして入るわけです。いつもはシャワーだけでした。

現在の船なら、海水をエンジンの周りにくぐらせて蒸発させ、それを冷やして真水にすることができます。水の残量や時間を気にせず、シャワーを浴びてもかまわないし、「水を大事にしろ」と怒られることもほとんどなくなりました。

父が軍艦に乗っていた頃、真水はもっと貴重で、ひとりが使える水は一日洗面器一杯だったと聞きました。これで、顔や手を何回も洗ったり、ひげを剃ったりするのだそうです。

水が貴重だったので、父が軍艦に乗っていたときに、遠くに雨雲が見えると、みんな「もうすぐ雨が降るぞ！」と言って、甲板に集まります。ひとり一杯の貴重な水で石けんを泡立て髪の毛に付けてあとは雨雲のシャワーを待つだけの状態にします。ところがそういつも都合良く雨雲が艦の上を通過するとは限りません。待っているのに、その雨雲が自分たちの艦に近づかないでどこかへ行ってしまったときには大変です。結局海水で髪の毛に付いた石けんを洗い流して、かえって髪の毛がガビガビでベトベトになってしまったのだそうです。懐かしい思い出話です。

ガハハ、

青山繁晴のできるまで〜青山千春が青山繁晴の母から聞き取ったお話

その三【本屋はどこ？】

青山繁晴は兵庫県の神戸市に生まれました。明治維新の直後に時代の先端を切って設立された古い繊維会社「青山織物株式会社」の神戸支店に、お父さんが勤めていたからです。

お父さんは八人兄弟の末っ子で、本社の社長になる見通しはありませんでした。ところが兄たちが、ひとりは日本初輸入の外国製大型バイクに乗っていて川に転落して亡くなり、ひとりは乗馬中に落馬して亡くなったりして、予想外の社長就任となり、本社のある兵庫県加西市に引っ越すことになりました。

青山繁晴が、幼稚園年長組を終わろうとする頃のことです。

繁晴少年は、いやまだ少年じゃないですね。繁晴くんは、神戸に住んでいたころ、近所の本屋さんに行くのが大好きでした。本屋さんに入った途端、ふあ〜っと新しい本の匂いがして、そのなかで童話の本を選んだり、大人の本をぱらぱらめくってみるのが大好きなのでした。

そんな繁晴くんは、神戸市から加西市に引っ越した最初の日、まわりの様子があまりに違うことに不安になり、親戚の叔母さんに「ここ、本屋さんはあるん？」とまず、聞いたのでした。

「隣が、そうや」と、叔母さんはにっこり教えてくれました。

隣？ 喜んだ繁晴くんはすぐに駆けだして外に出てみると、広い道を挟んだ隣の家の塀に扉があり、押してみると、そのまま開きました。入っていくと、暗い通路が奥へずっと続いています。

ちょっと怖かったけど、本屋に行きたい一心で奥へ奥へ入っていくと、ようやく広間のようなところがあり、座敷にお婆さんが座っています。

繁晴くんは、「こんにちは、ここは本屋さんですか？」とお婆さんに聞きました。

お婆さんは、「ここは本屋や」と答えました。でも本は並んでいないし、新しい本の匂いもしないので、繁晴くんは「本はどこに売っているの？」と聞いてみました。

するとお婆さんは、「ここは、本を売っている本屋じゃないんだよ。ほんやはほんやでも、ここは、青山家の本屋《ほんや》、本家《ほんけ》や」と、にこりともせずに話しました。

書店の本屋さんは近所にはなく、繁晴くんは引っ越し初日からがっかりカルチャーショックの巻でした。

お母さんは、繁晴くんが本好きなことを、あらためて実感し、環境が変ることがすこし心配になったのでした。

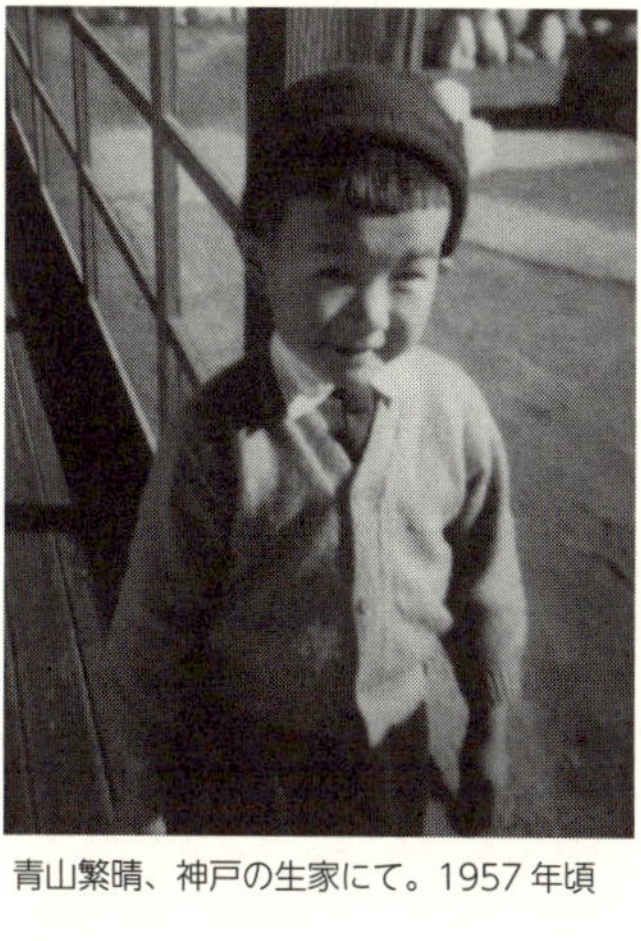

青山繁晴、神戸の生家にて。1957 年頃

第四章

自分の夢をあきらめないお母さん

青山の記者一年目、初任地・徳島

共同通信では入社後二か月間の研修があり、研修最終日の五月二五日が給料日で、二六日から各地方に赴任することになっていました。

そこで、私たちは結婚式を五月の二五日にやることにしました。披露宴は会費制にして、東京・青山でやりました。一九七九年のことです。

そのときには一〇〇人ぐらい参加してくれました。私のほうから五〇人、青山のほうからも五〇人くらい。新人の記者二五人とお友だち、お父さん、お母さん、そして私の女子学院の友だちを呼んで、簡素に祝宴を挙げたのです。

結婚式には、青山のお父さんが渡海元三郎《とかいもとさぶろう》という当時現職の建設大臣の後援会長をやっていたということもあり、大臣本人が出席してくれました。

披露宴は立食スタイルでした。大臣秘書が慌てて青山のところに走ってきて、「だ、大臣の座るところはないのでしょうか⁉」と確認しました。しかしもちろん、座るところはありません。さらに、大臣が機嫌よく挨拶しようとしたら、参加者は食べるのに夢中で、誰もフォークを持つ手を緩めませんでした。渡海大臣、いまの渡海紀三朗《とかいきさぶろう》代議士のお父さんです。青山は、その渡海代議士ととても仲がいいです。これも懐かしい思い出です。

そして、もうその次の日から徳島です。私がちょうど二四歳の五月でした。

私は東京の池袋生まれ、池袋育ちで、夜中も街に電気がついているのが当たり前の環境で育ったので、徳島に行ったらビックリしました。当時はだいたい夜七時になったら街が真っ暗になりました。

ホームシックというか、カルチャーショックを受けました。不二家もないし、普通の街のケーキ屋さんも見かけません。マクドナルドはもちろんありませんでした。

デパートも、徳島駅近くにローカルのデパートが一軒あるだけでした。

しかも、デパートといってもすごく小さくて、品物を展示するスペースがあまりないので、そのほかの商品はカタログを見て注文するシステムです。池袋の西武百貨店や新宿の伊勢丹のような規模がデパートだと思っていたし、ウインドーショッピングが大好きな私はビックリしたわけです。

池袋育ちの二四歳には、もう驚きの連続でした。

こうして青山について徳島に来たのはいいのですが、そのとき私は東京水産大学の専攻科で半年の航海と、半年分の授業が残っていました。

そこで、本拠地は徳島に置いたまま、東京にちょこちょこ帰って、復学することにしました。

いまは子育てに専念するしかない！

ちょくちょく東京に帰って授業を受け始めたのですが、思ったようにはうまくいきませんでした。

頻繁に東京、徳島を行き来しなくてはならないことが経済的にも精神的にも負担になってきて、

「あ、これはちょっと無理かな」

と思っているときに、

「新婚時代は、新しい家庭の基礎を固める時期。そのときは夫婦ふたりでしっかりやる

べきや」

と、青山のお母さんに言われました。（たしかにそうなのかもしれない）と思いました。

そのうち長男が生まれたので、池袋の実家に子供を連れて帰って、そこでまた勉強を再開しようと試みました。

ただ、やはり子供は環境が変わるとあまり良くないようで、長男は脱水症になったり、体調を崩したりすることが多くなりました。

「これは親の責任としてどうなのよ?」と強く思いました。そして、学校に通いながら中途半端に子育てをするくらいなら、いまは子育てに専念するべきなのではと思いました。

子供がもう少し大きくなるまでは子育てに専念して、それから学問の世界に戻ればいいじゃないかと、その時点で腹を括ったのでした。

私自身はそう決めたのですが、東水大の航海士養成コースに入学した女性としては私が第一号だったので、大学側も私に期待して、いろいろとサポートしてくれていました。

長男誕生。1979年、徳島の自宅玄関前で、家族写真

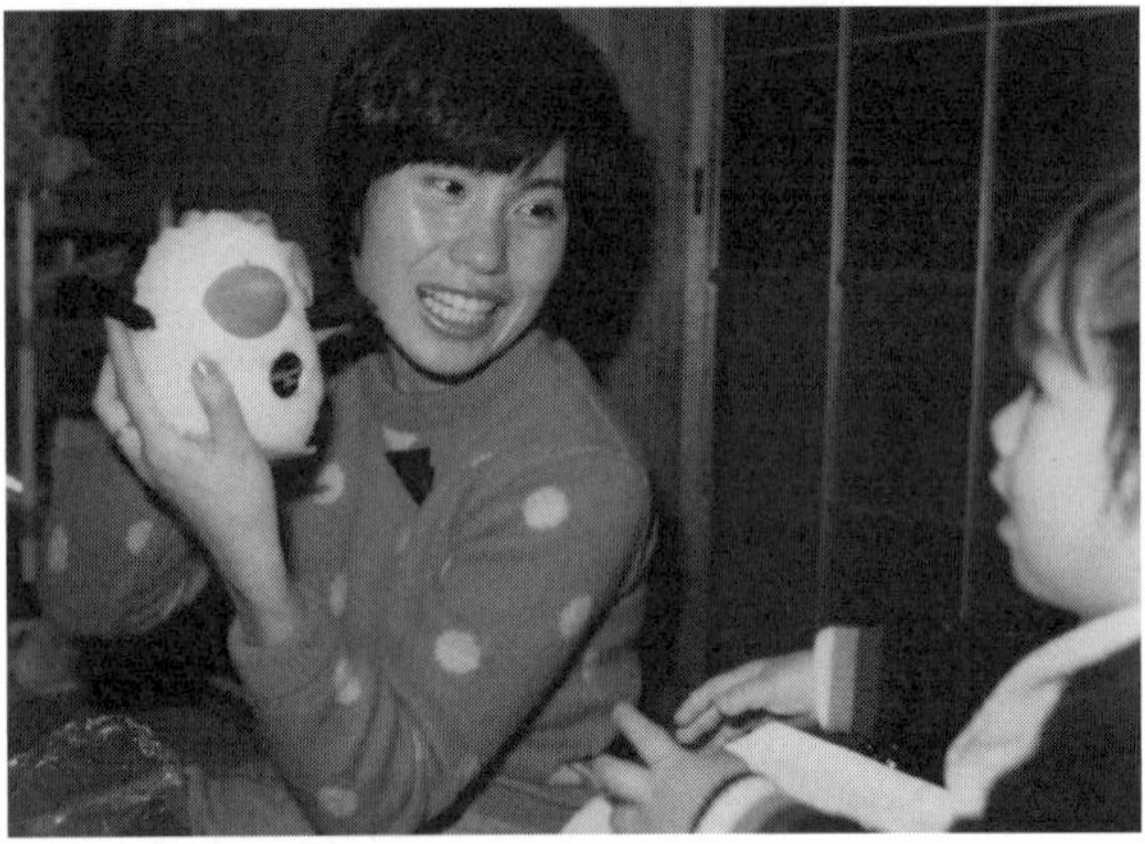

徳島の自宅で長男と遊ぶ

それを考えると責任を感じるし、大学関係者に迷惑をかけてしまうなとは思いましたが、子供のことを考えたら学業に専念することもできません。

すでに専攻科に入って一年間、休学しています。休学は二年間しか許されていませんでした。

それで、大学の先生や船長らと話し合いをして、「しばらくは子育てに専念して、落ち着いてからまた勉強したい」と大学側に私の意志を伝えました。

というのも、私は自分の経験から、子供がひとりっ子というのはかわいそうだなと思っていましたから、もうひとり産みたいと考えていたのです。そうすると、たとえもう一年休学しても、また子育てに追われるかもしれません。

公園のベンチで問題集を解く二児の母

青山の転勤で京都に移ったときに、長男と三学年違いの次男が生まれました。そのとき、長男は幼稚園でした。

京都でふたりの子育てに追われていたある日のこと、「水産大の女性第一号、青山千春さんは結婚で航海士になることを挫折した」と朝日新聞に事実と違うことを書かれたことがありました。それは頭にきました。私への取材はまったくなしだったからです。ちょうどその頃、海上保安大学校に女子学生が初めて入学しました。その人の特集記事の中に、「過去にこういう感じの人がいて」と私の名前が出ていて、その扱いもすごく感じが悪く、心がざわざわしました。

私は航海士になることをあきらめたわけでも挫折したわけでもありません。子育てが落ち着いたら学業に戻るつもりでしたので、「挫折した」と事実と違うことを思い込みで書かれたところが頭にきたわけです。青山は朝日新聞に抗議してくれました。そして「青山千春が船に戻るときなどに、きちんと正しい記事を書く」という約束を取り付けてくれました。

そして、この手のニュースを見聞きすると後輩に先を越されるという焦りは少しありました。しかし、当時は東京から離れた京都にいたから、焦っても仕方ないとあきらめがつきました。

いつ学業に戻ろうかと復活のタイミングは考えていました。

それは、次男が小学校二年生になるタイミングでした。私が三五歳のときです。なぜその時期かというと理由はふたつあります。

ひとつめは、小学校一年生の頃は学校生活に慣れることが必要な時期です。そんな不安な気持ちの時期には母親がそばにいてサポートしなくてはいけないと考えたからです。

ふたつめは、そのとき小学校五年生になる長男の中学受験があるからです。いま、戻らないと戻れないと思いました。

長男の中学受験は、長男が三年生の三学期の頃から始めました。私が家庭教師です。まずは中学受験のための進学教室に入るための受験対策です。この進学教室は、入室テストの成績順でクラスが決まりました。都内にいくつか教室があり、そのなかでも中野校にはトップクラスの生徒が集まりました。このクラスからは、御三家（麻布・開成・武蔵中学校）や国立大学附属中学にたくさん合格しました。私はそのクラスを目標に定めました。実は私も小学校のときに同じ進学教室に通っていましたので、内情はよく知っていました。

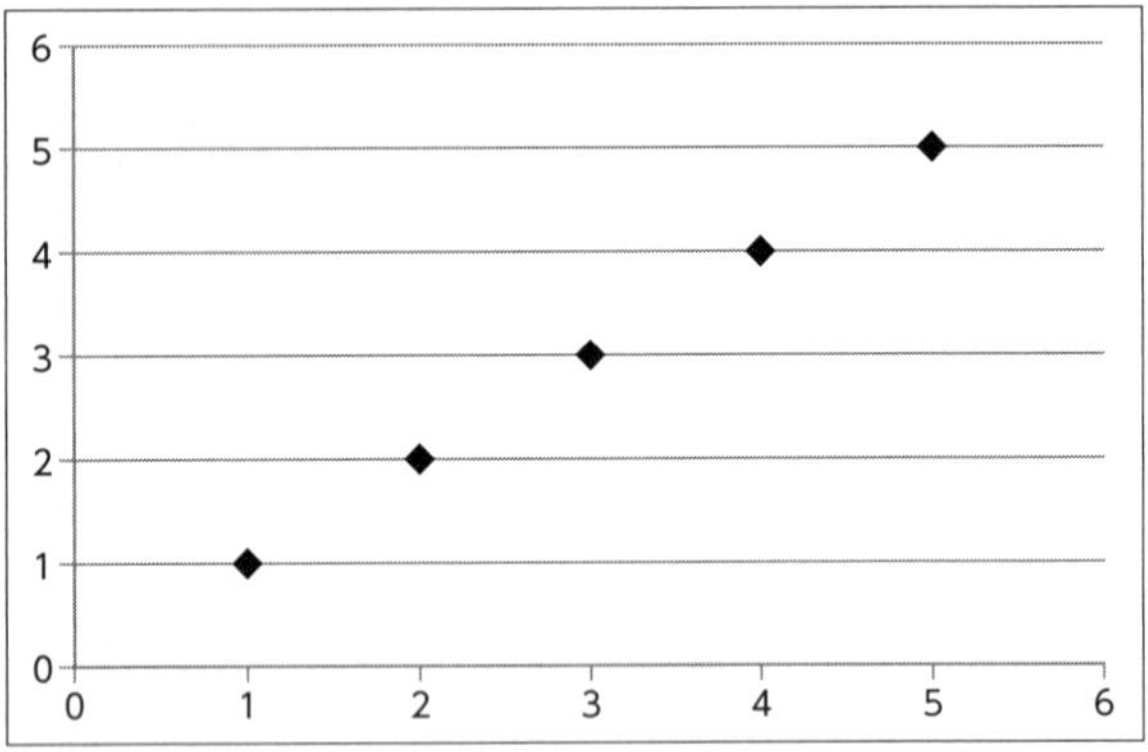

図1

長男に中学受験をさせようと考えたのは、長男に適性を感じたからです。そして自分も中学受験で女子学院に入り、楽しい六年間を過ごせたから、長男にも同じような環境で過ごしてもらいたいと考えたからです。長男が幼稚園の年長組の頃のことです。

「偶数と奇数について、決まりを発見した！」

「同じ数にふたつに分けることができるのが偶数、一個必ず余るのが奇数」

と先生との交換日記に書いていたのです。

これを受けて、私は一次関数と二次関数のグラフを教えてみようと思いました。一次関数とは、たとえば、Xが1増えるとYも同じように1増えるという関係です。これをグラフ上に点

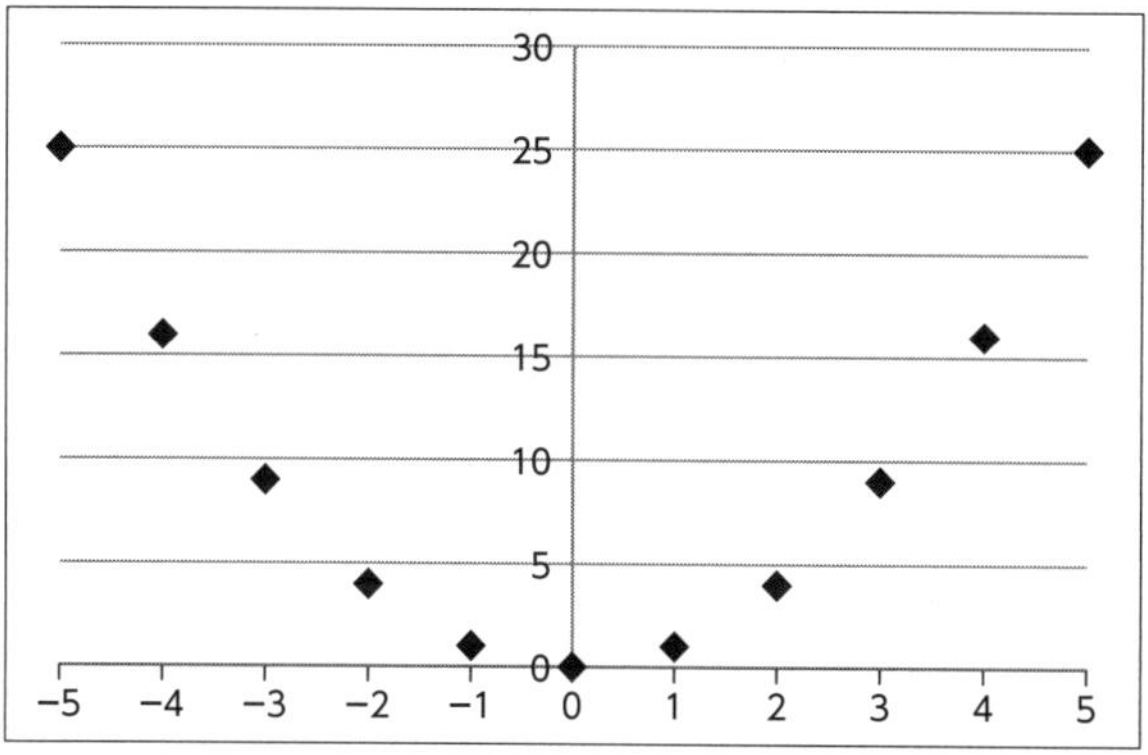

図2

で印を付けていくと図1のようになります。

これを長男に見せて、「どう見える？」と聞きました。

「棒みたい」と言いました。点の集まりを見て直線を連想できるのは、適性のある証拠です。

次に図2のような二次関数のグラフを見せてみました。

すると、「ひもを両手で持って、ぶら下げた感じ」と言いました。カテナリーカーブが長男には見えたのでした。

これが長男に中学受験をさせる決め手になりました。

子供が小さい頃には、数学を教えるほかに、いろいろなことを経験させました。情操教育というのかもしれませんが、多くのことに興味を持ってもらいたかったのと、本人に将来の可能性をそのなかから見つけてもらいたかったからです。

例えば、知的好奇心刺激シリーズとしては、科学博物館に子供と三人で毎月見学に行きました。

長男は四年生の頃、科学博物館の夏休み企画に参加し、天体望遠鏡を自分で制作しました。これはとても楽しかったようです。企画の最後に夜間の科学博物館の屋上で、自分で作った望遠鏡をのぞいて月を見たときは感激していました。これで科学に目覚めたのでは、と私は密かに思っています。

芸術シリーズとしては、ピアノは私の母に、バイオリンは母の友人に教えてもらいました。

次男は､特にバイオリンのセンスが抜群でした。バイオリンは初心者が奏でるとギーッギギーッと神経を逆なでるような音しか出ないのですが、次男は最初から心地よい音色で弾くことができました。しかし、青山からは、「音楽で飯を食うには音楽だけをやらないといけない。それはどうかな」と言われ、あまり賛成してもらえませんでした。バイオリンの先生が高齢でお亡くなりになったこともあり、次男のバイオリンの才能はつぼみのままで終わりました。

子供たちが大きくなってからは、歌舞伎やミュージカル、クラシックコンサートなどを実際に鑑賞させました。私が子供の頃、両親の仕事にくっついていき、生の音楽を聴いてそのすばらしさを実感していたので、子供にも経験させました。

運動シリーズとしては、水泳教室、ヨット教室、テニス教室そしてスキーです。水泳教室は、長男が二歳の頃から通わせました。毎回泣きながらレッスンを受けていました。泳げるようになりましたが、すっかり水が嫌いになりました。

京都にいた頃、子供ヨット教室を見学に行きました。琵琶湖でした。

テニス教室は東京の深大寺の近くにある桜田倶楽部という伝統あるテニスクラブに次男を通わせました。ここは松岡修造さんも所属していたことがあるクラブです。次男は柔軟な体を武器に、試合にも出て小学生のランキングに入るまでになりました。小学校四年生まで通い、中学受験のためクラブは休むことにしました。そしてその後はクラブに復活することはありませんでした。

初スキーはなんと信州の針ノ木大雪渓での夏スキー。青山（右）から直々に指導を受けました

スキーは、子供が二歳になる頃から青山が教えました。なので、運動が得意ではない長男ですが、スキーだけは抜群にうまいです。二〇一三年のお正月には青山と一緒にヨーロッパに仕事で出張し、その合間に青山の運転するレンタカーでアルプスに行き、雄大なスキーをふたりで楽しんでいます。次男もスキーは上手です。

小さい頃にはよく家族四人でスキーに行きました。楽しかったです。しかし、私は、青山に初めてスキーを教わったのが、針ノ木大雪渓という山岳部が登山するところでした。時期も五月頃で、私はこれですっかりスキーが嫌いになりました。そのうえせっかくマルイで月賦で買ったスキー板やスキー靴が針ノ木でいっぺんに傷だらけになりました。悲しかったです。

子供に話を戻します。

佐久間先生というNHK教育テレビの確か体操のお兄さんをやっていた方の主催する子供教室に長男と次男ふたり一緒に通わせたこともありました。ここで、ふたりとも工作や絵を描くことが大好きになり、さらに次男の能力に磨きがかかりました。

それから、我が家には本がたくさんありました。青山は主に文化系の、私は主に理科系の本を持っていました。長男は小さい頃から本が大好きで、家にある本はほとんど読破しました。『東海道中膝栗毛』の原文を小学校の頃ケラケラ笑いながら読んでいました。「すごっ」と思いました。

生活シリーズとしては、たまに子供と料理を一緒に作りました。特にとんかつやエビフライは，ふたりとも粉まみれパン粉まみれになり、喜んで作りました。結果、毎回大量に作り過ぎます。そのときの写真を載せておきます。

子供たちと料理（とんかつ作り）。右が長男で左が次男

青山のお母さんは「男子厨房に入らず」と青山を育てたので、青山は家事はほぼできませんでした。

私は夫が家事ができなくてもまったく問題はありませんでしたが、きっと子供たちが大きくなる頃には、ひとりで料理や洗濯やアイロンがけなどができないと困るだろうな、と思ったので、子供たちに家事をいろいろ教えることにしました。料理はその一環です。

いまは子供たちふたりともちゃんと料理を作って生活しています。たまにレシピを聞きにくるくらい料理が好きになりました。良かったです。

青山は、家事をまったく知らないので面白いエピソードがたくさんあります。

例えば、カップ焼きそばのお湯を切るときに、やり方を知らずにせっかくできあがったそば本体もお湯と一緒にズルッとシンクに流してしまったり、納豆のパックに付いている辛子や醤油は袋を開けるときに、高い確率でピチッと服に飛ばしたりします。

ただしいまの青山は、自分の洗濯物はすべて自分で洗濯して、私の研究生活を助けてくれています。といっても、全自動洗濯機に洗濯物を入れて、スイッチを入れるだけですけど。

それから、青山は自分が料理を作れないせいかどうかわかりませんが、私の料理を「天下一品！」と言って食べてくれます。私は調理時間が短くて、そのうえ、一度にたくさんの料理を同時並行で作れます。これは特技だと思っています。青山はよく、「『青山レストラン』やったらどうだ？」と言います。今度は『青山繁晴絶賛料理レシピ』とかいう本を書こうかな？　と思います。

料理つながりのエピソードをもうすこし書きます。

関西の人のなかには、「関東の黒い汁のうどんは食べられない」とか「甘い卵焼きは無理っ！」と言う人がいます。青山は関西育ちですが、関東の、色が濃くて味付けも濃い料理も「おいしい」と食べます。その青山が、結婚したときにひとつだけ私に頼んだ料理があります。それは、

「お母さん特製のキュウリの浅漬けの作り方をお母さんに聞いてきて、作ってほしい」

というのです。

私が何回か作ったキュウリの浅漬けは、どうもお母さんの味と違うらしく、レシピを聞いて再現してほしいということになったのです。

なかなか青山が満足いく味にならなかったので、きっとすごい秘伝があるに違いない、昆布の出汁とか何かのエキスが入っているのかもと思いながら、青山のお母さんに作り方を聞きました。

「ああ、あれな。キュウリにこしょう少々と醤油少々だけやで」という回答でした。

超合理的で、シンプルとも言えるし、手抜きとも言える作り方でした。

お母さんに教えてもらったように作って青山に出したところ、

「うん、やっぱりこの味や」ということで、一件落着でした。

話が少し戻りますが、私自身は勉強から遠ざかると頭が鈍くなるので、子育ての期間にも数学と英語は毎日問題を解いていました。

子供たちを近所の公園で遊ばせながら、私はベンチで数学と英語の当時の共通一次試験の問題集をずっと解いていたのです。

公園には、いままでいう〝ママ友〟が何人かいました。だいたい京都の人は、外部の人をあまり受け入れないと聞いていたので、「なんで公園でいつも勉強してはるの?」と興味津々に声をかけられたときは、「排他的かと思っていたけど、そんなことないじゃん」と、とてもうれしかったです。

おかげでけっこう友だちができましたが、そのなかでも公園のベンチでずっと問題を解いていました。

勉強をやっていないと、どんどん後輩から追い越されていく感じというか、すごく焦りを感じていて、それを鎮めるためにも常に勉強していました。そうした思いが、自分のモチベーションを高く保てた理由です。

おしょくじけん（日記より）

京都時代に、こんな事件がありました。当時つけていた日記から引用します。

一九八二年一一月二四日（水）　今日、繁晴21：40頃帰ってくる。

「おしょくじけんあったから、プールに行けなかった」と言った。

私は、お食事券と思ったので、

「いいなー。私も行きたかったー」と言ったら、汚職事件だったのでした。

この事件の直後に撮られた写真が見つかったので、載せておきます。

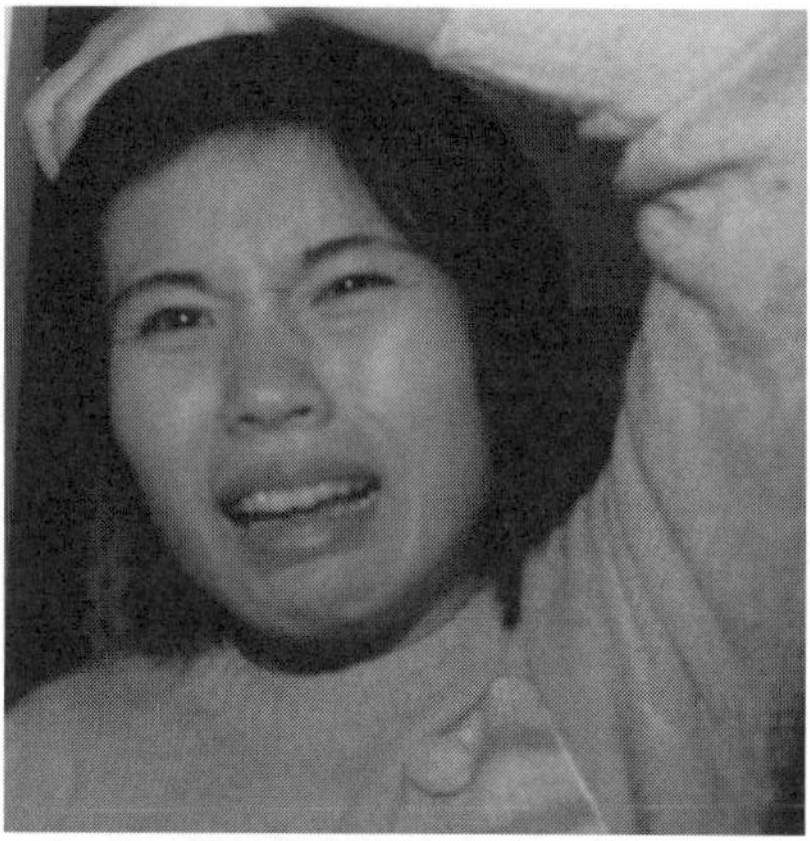

「なんだー、汚職事件かー」

「ガハハ、さすが食いしん坊の嫁さんだァ」

ガハハ、

青山繁晴のできるまで～青山千春が青山繁晴の母から聞き取ったお話

その四【月光仮面】

繁晴くんが幼稚園をまもなく卒業する頃、神戸市から兵庫県加西市に引っ越し、お母さんが環境の変化を心配したことをお話ししましたね。

その加西市の新しい幼稚園に繁晴くんが初登園したときに、担任の先生から、「青山くん、何か漢字を画用紙に書いてごらん」と言われました。そこで、当時大好きだった正義の味方、「月光仮面」と漢字で書きました。すると先生は、驚いて、「青山くんは、こんな難しい漢字を知っているの、すごいね」と褒《ほ》められました。

でも繁晴くんは、ポカンとしていました。「知っている漢字」を書いたのではなく、「いちばん好きな漢字」を書いただけでした。

本が大好きなだけに、やはり本好きのお母さんもちょっと驚くぐらい沢山《たくさん》の漢字を繁晴くんは知ってはいました。幼稚園の先生も、お母さんも、そして間もなく入学した小学校の先生もみな、「この子は将来、一体どんな仕事をするんだろう」と考えたり、何度も話したりしたそうです。

しかし繁晴くんは、そんな大人の思惑にまったく無関心、家の引き出しから持ち出した風呂敷を首に巻いて背中ではためかせ、子供用の自転車に乗って、急な坂道を猛スピードで駆け下りることに熱中していたのでした。そうです、月光仮面です。

「なんで月光仮面になりたいの?」と幼稚園でも小学校でも先生に聞かれた繁晴くんは、「みんなを助けてるから」と答えたそうです。

第五章

海と女とメタンハイドレート

まずは長男の中学受験

青山は京都支局から大阪支社の経済部に異動し、そして一九八七年には東京本社の政治部に配属になりました。

東京に戻ったとき、長男は小学校二年生、次男は幼稚園年中組でした。

長男はまずは中学受験を目指しました。

週一回日曜日に受験用の模擬テストをやってくれる進学教室に入るための「入室テスト」に上位で合格することに目標を定めました。

そして、長男の進学教室入室テストのための家庭教師を経験者である私自身が行いました。

その甲斐あって、長男は小学校三年生のとき、入室テストで上位合格し、中学受験のレールに乗りました。

次男が小学校に入学し、たくさんの友だちもできた頃、私は大学に復帰するため行動を開始しました。

一二年ぶりに大学復帰を目指す

私が学業を中断してからすでに一二年経っていました。

時代は昭和が終わり、平成となって二年目を迎えるところでした。

私は「大学の航海科課程に再入学したい」と大学に連絡を入れました。

すると、「前例がないことだし、最後に海に出てからもう一二年も経っているし、どれだけ青山さんに学力や感覚が残っているのかわからないから、まずは、航海士の国家試験を受けて合格してください。それを条件に再入学試験の受験を認めます」ということになりました。教授会の決定でした。

航海士の試験は国家試験ですが、東京水産大学に行っていれば、本来、筆記試験は免除になります。筆記試験科目は、海上法規、海上衝突予防法、港則法と英語です。

この勉強は、公園のベンチではやっていなかったので、半年間勉強し、覚え込みました。

ところが、この航海士の国家試験の受験自体、認めないという動きもあったのです。

青山は「配偶者だからというのじゃない。こんな、おかしな話を社会に許しちゃいけない。私憤では動かないけど、公憤では動くよ」と、政府の人たちと交渉してくれました。

そして、受験、合格と無事に関門をくぐり抜けました。

大学の面接試験では、船長も航海学の先生も、みんな私が学部にいた頃からお世話になった先生ばかりだったので、私の思いをとても理解してくれていました。

その面接のとき、ひとりの先生が、

「子供がいるけど、船に乗って大丈夫？　半年間は乗るよ。横川（私の旧姓です）じゃなかった、青山が乗るときは世界一周の航海だから、例年より長いんだけど？」

と質問してきたのです。

「親がいなくても子供は育つと思います」

私は思わず、そう答えました。その答えが面接官の先生方にウケて、

「そういう覚悟なら、もういいです。わかりました」

ということで、再入学することが許されたのです。

その後、『親がいなくても子は育つ』という言葉だけが、私の名言として大学に残っ

ているようです。

試験は他人との競争ではなく、自分と教師との勝負、自分自身との勝負

試験は、勝負です。

誰との勝負でしょうか？　それはふたつあります。

ひとつは、先生との勝負です。先生が教えてくれた内容を自分がどれだけ理解しているかを競う勝負です。

もうひとつは、自分との勝負です。自分がどれだけ強い気持ちで集中してがんばれたかの結果を出す勝負です。「○○くんには負けないで」と他人と比較するお母さんもいますが、それは間違っていると思います。

私は家庭教師でこのように教えてきました。

他人と比較するというのは、夫婦間でもよろしくないと思います。たとえば「○○さんのうちは夏休み海外旅行に行くんだって」とか。それぞれの家庭で事情がすべて異なりますから、言わないほうがいいです。

それから、「○○してあげたのに……」という押しつけと見返りを求める言葉は、夫婦間、親子間や友人の間でもやめたほうがいいです。見返りを求めないで行動しましょう。

復帰の航海中に起きた湾岸戦争

大学に復帰したのが一九九〇年、私が三五歳のときです。

復帰して練習船に乗り、初めての当直で正時《しょうじ》（時計の長針が12のところにある時間。たとえば、一時〇分〇秒のように分や秒の端数のつかない時刻）に水温を計測したとき、めちゃくちゃうれしかったです。泣きそうでした。「やったぁ」とひとりでガッツポーズでした。

ゴムでできた筒を海面に降ろして、海水を採って、それに温度計を突っ込んで水温を計測するという、ごく簡単な作業ですが、一二年ぶりにやっと再びこの作業ができたので、ホントにうれしかったのです。

「あー、ついに専攻科に戻れたぁ」

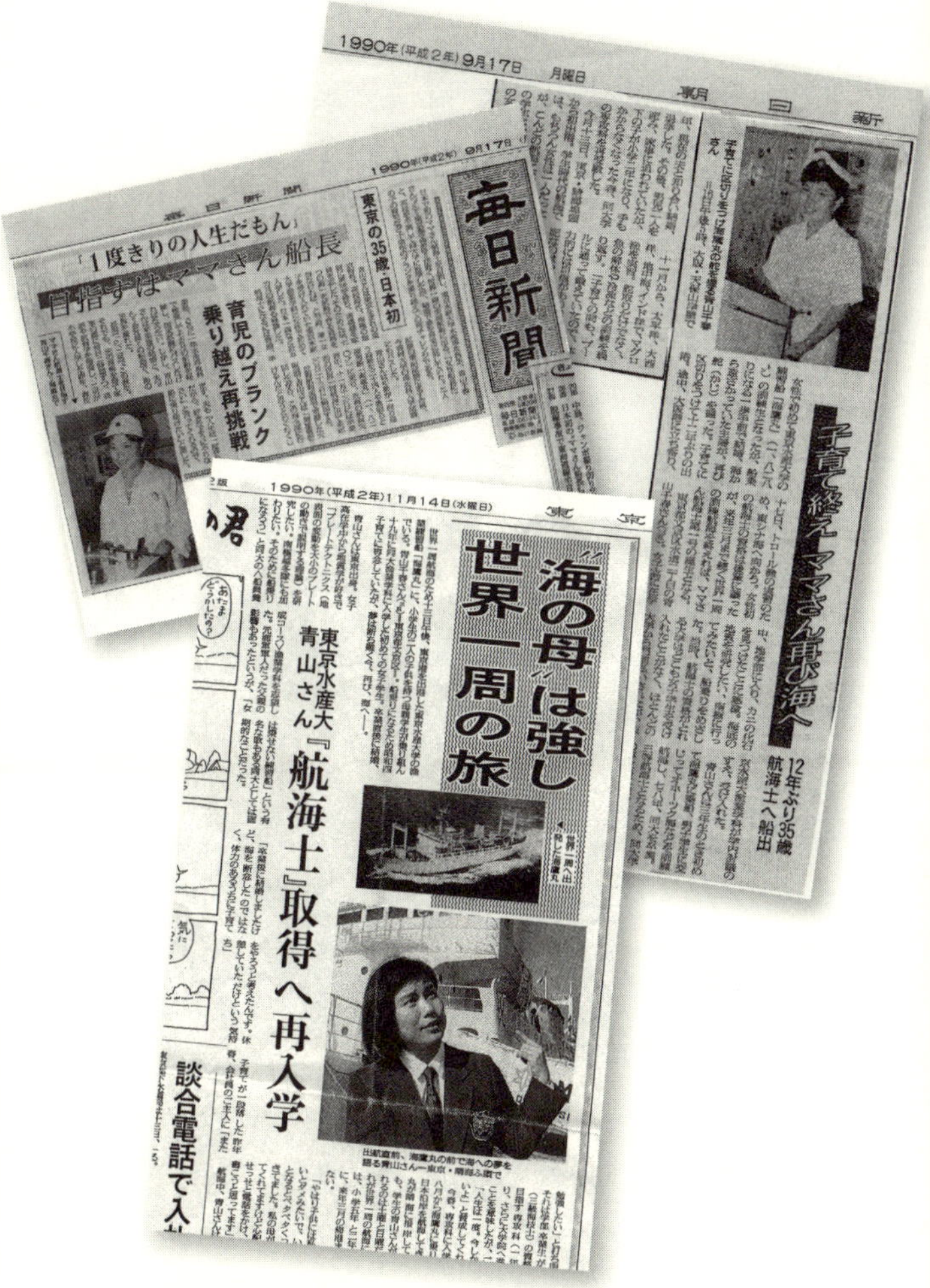
1990年(平成2年)9月17日 月曜日

子育て終えママさん再び海へ

12年ぶり35歳 航海士へ船出

1990年(平成2年)9月17日

毎日新聞

東京の35歳・日本初

「1度きりの人生だもん」

目指すはママさん船長

育児のブランク乗り越え再挑戦

1990年(平成2年)11月14日(水曜日)

〝海の母〟は強し 世界一周の旅

東京水産大 青山さん『航海士』取得へ再入学

大学に復帰して最初の遠洋航海に出る前、複数の新聞に記事が出ましたそして、ひと回り下の学生と一緒に遠洋航海に出ることになりました。そのときは女子学生がふたりいたので、三人ひと部屋で半年間、航海に出ました。

その遠洋航海世界一周の途中で湾岸戦争が起こりました。その影響で、私たちの遠洋航海の航路が変更になりました。

本来は日本を出て、東周りでハワイに行き、パナマ運河を越えて大西洋、カナリヤ諸島に寄港し、ジブラルタル海峡を通過、地中海でマグロの延縄《はえなわ》の実習をしてからスエズ運河を抜けてインド洋からマラッカ海峡を越えて日本に戻る——そういう予定でした。

順調にジブラルタル海峡を抜けて地中海を通り、ちょうどトルコのイスタンブールに着いたあたりから、湾岸戦争がひどくなったようです。イスタンブールにいた私たちより東京にいた青山や家族のほうが湾岸戦争に関する情報をニュースで詳しく知っていました。

その後、エーゲ海沿いのイズミールという、イスタンブールよりちょっと南の町に行く予定だったのですが、湾岸戦争のために、イスタンブールにずっと足止めされてしまいました。

大学側はずっとスエズ運河を越える航路を調整していたようです。しかし、スエズ運河は戦争の影響で危険なので、通過しない。その結果、今度はイスタンブールから、西周りで、もと来たのとまったく同じルートで戻るらしいといううわさを船内で聞きました。

イスタンブールにいて見聞きしているぶんには平穏で、ニュースもそれほどひどい状況だとは伝えていません。

私としては、ここまで来たからにはスエズ運河を越えて、紅海を通過したいと思いました。実際のところ、スエズ運河は封鎖している

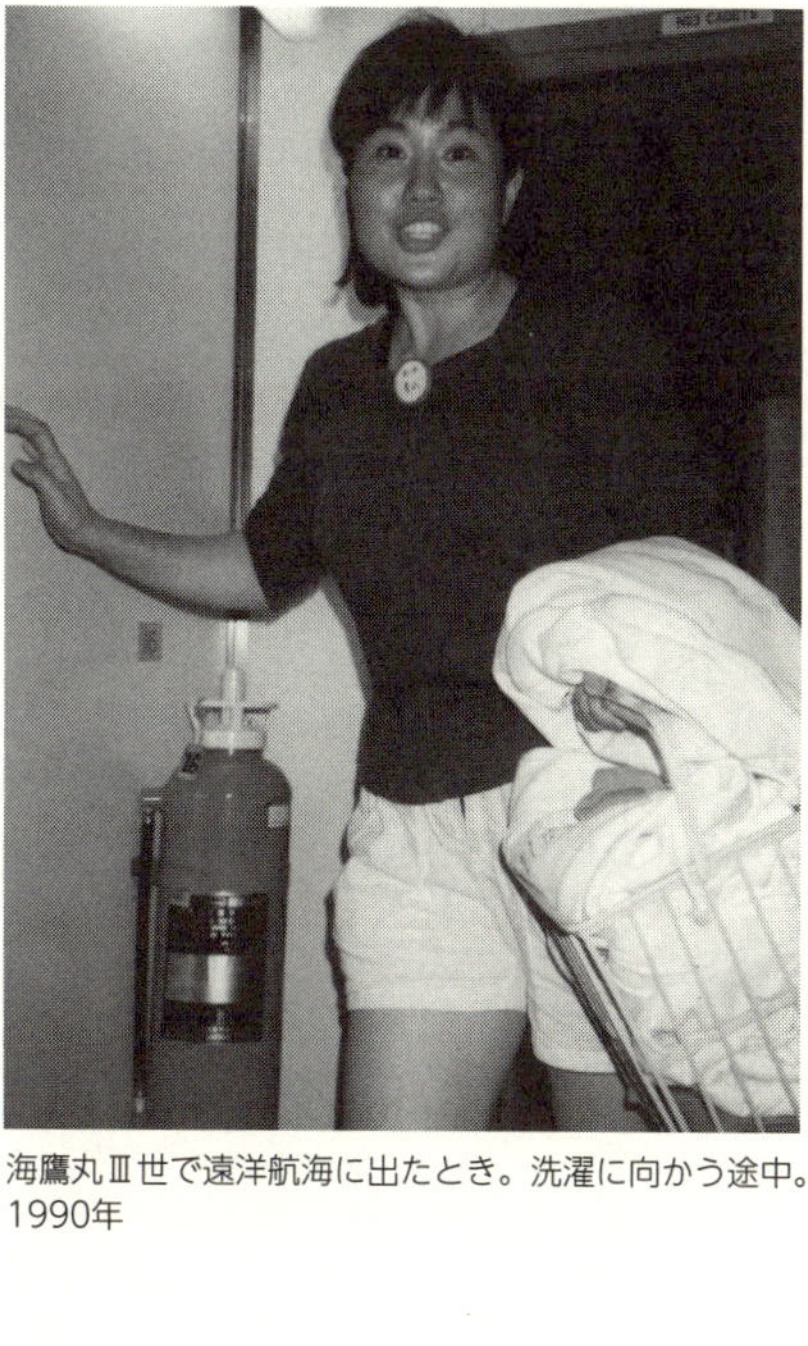

海鷹丸Ⅲ世で遠洋航海に出たとき。洗濯に向かう途中。1990年

といっていましたが、封鎖されていませんでした。

それで、当時はまだメールはないので、日本の青山に「紅海を抜けたいです」とファクスを出しました。

そうしたら、青山が仕事で当時の海部俊樹《かいふとしき》総理のところへ行ったついでに、総理に「アメリカの戦争で、何もかも怯えたようになるのはおかしい。スエズ運河に実際の脅威はありません。東京水産大学の練習船をイスタンブールから出港させてスエズを通過させて紅海を通すべきです」と言ったそうです。

海部総理は「青山君、わかった」と文部大臣に下ろして、文部大臣から東水大の学長に話が行って、学内は大騒ぎになったそうです。それでその後、私が船からファクスを送るのが禁止になりました。

結局のところ、スエズは通過することができませんでした。ペルシャ湾からは離れているので、たぶん通れないこともなかったのでしょうが、船長が、預かっている学生を危険な目にさらすわけにはいかないと判断したのです。

実はそのときの船長は、この航海を最後に定年退官だったのです。

だからわざわざ危ない思いはしたくなかったのかなと推察します。

船上で受けた大学院の入試

湾岸戦争の影響で、船はずっとイスタンブールに留まっていました。そのおかげで、私は大学院の入学試験をイスタンブール寄港中の船内で受けることになりました。予定よりも航海が長引いていて、いつ帰れるかわからないということで、そういうことになりました。

学生連中がイスタンブールの町に外出して楽しい見学をしているなか、私は船長室で試験でした。船長と調査のため乗船していた教授の二名が試験官です。

試験問題は、日本からファクスで送られてきます。当時はまだメールがなかったのです。

一般の問題はサクサクと解けましたが、最大の難関は第二外国語のロシア語でした。正直、ロシア語は苦手なうえに、ファクスで送られてきた試験問題が、字が小さく、さらに潰れていて、全然読めないのです。それでも一生懸命やっていたら、船長が長時間の試験官役に飽きてきて、もうひとりの教授と話し始め、さらに私にまで話しかけてくるようになり、もう試験にならなくなりました。

辞書持ち込み可の試験でしたが、ロシア語は性や数、格によって変形するので、全部が辞書に載っているわけではありません。ただでさえすごく難しいのに、字まで潰れていて、お手上げでした。

そこで、「船長、これ、字が潰れて読めないですよね」とファクスで届いた問題用紙を見せて、「読めないから答えようがないって、大学に説明してもらえませんか」と言ってみました。

すると船長が、「ああ、ほんとだ。これは無理だね」と言って大学に電話して説明してくれました。船長ありがとうございました。

テープを握り締めて見送るわが子

話は出港のときに戻ります。船は一一月に晴海埠頭から五か月間の遠洋航海に出港しました。

見送りの人は、みんな岸壁から紙テープを投げてくれます。もちろん、ふたりの息子たちと青山、そして私の母、あとは女子学院の友だちなどがいっぱい来てくれました。

私はもう「次は、ハワイだ！」と思って、うれしくて「バイバ～イ！」と手を振りました。そうしたら、子供が、特に次男が、船が遠くに行って見えなくなるまでずっと船を見ていたと、あとで聞きました。

出港したといっても、船は飛行機と違って、ゆっくりとだんだん遠ざかっていきます。船から投げた紙テープが切れて、みんなが「さあ、終わったから帰ろう」となったときに、次男がテープを握ったまま、沖に出て行く船をずっと見つめて動かなかったそうです。後ろから見た次男の細いうなじがとてもかわいそうで、思わずもらい泣きしたという友だち、同級生からの手紙をハワイで受け取りました。

次男はちょうど小学校二年生になったばかり。母親が半年近くいなくなるのは寂しかったのだと思います。子供たち、ごめんなさい。

実は、この話には後日談があります。

次男が一〇年前に美術大学に受かり、家から出て大学近くに下宿することになりまし

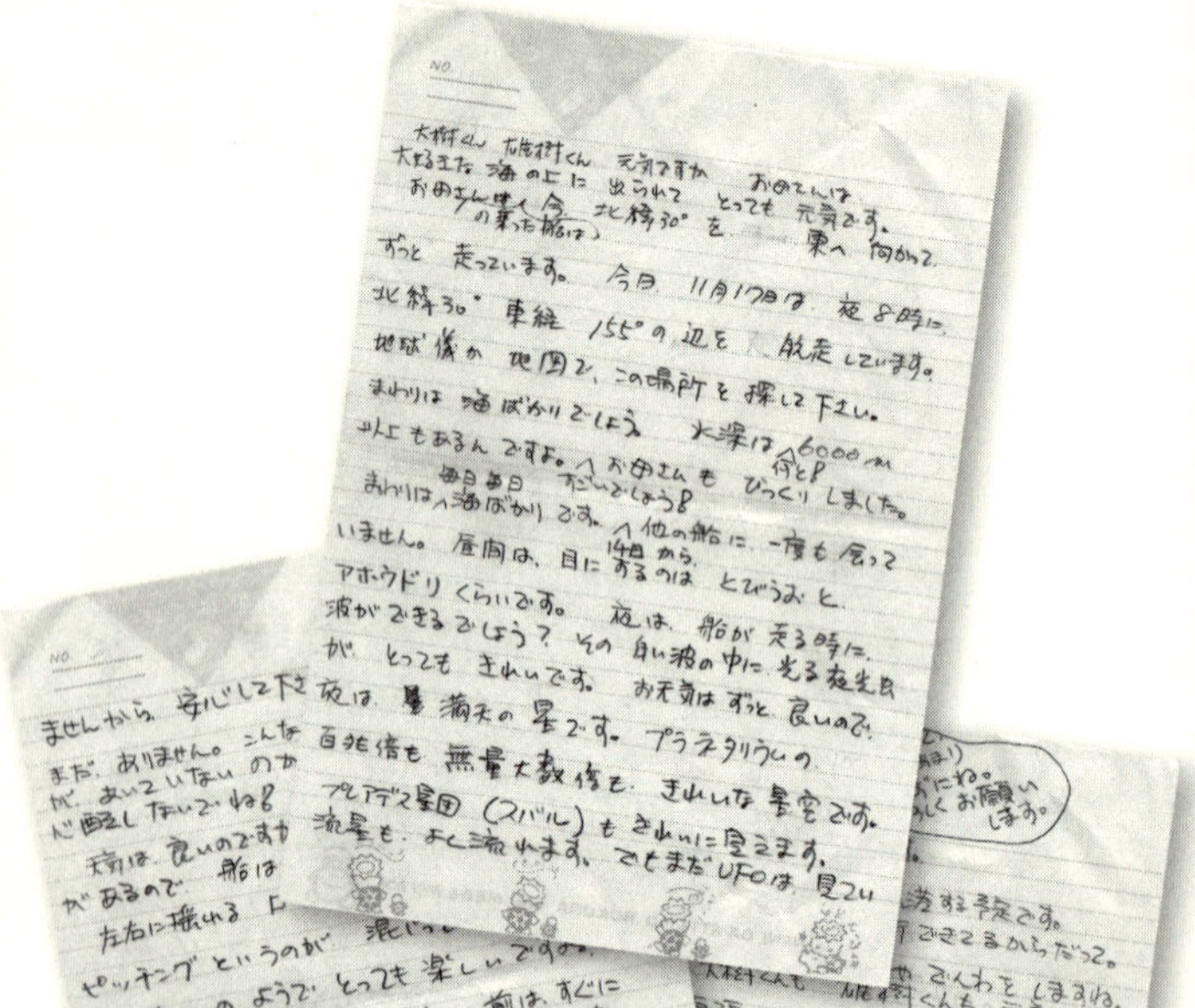
大樹くん 雄樹くん 元気ですか おかあさんは
大きな海の上に出られて とっても元気です。
お母さんの乗った船は今 北緯30°を 東へ向かって
ずっと走っています。今日 11月17日は 夜8時に
北緯30° 東経155°の辺を 航走しています。
地球儀か地図で、この場所を探して下さい。
まわりは海ばかりでしょう 水深は今も6000m
以上もあるんですよ。お母さんもびっくりしました。
毎日毎日 すごいでしょう!
まわりは海ばかりです。他の船に一度も会っていません。昼間は、目にするのは とびうおと
アホウドリくらいです。夜は、船が走る時に
波ができるでしょう? その白い波の中に光る夜光虫
が、とってもきれいです。お天気はずっと良いので、
夜は満天の星です。プラネタリウムの
百兆倍も無量大数倍もきれいな星空です。
プレアデス星団(スバル)もきれいに見えます。
流星もよく流れます。でもまだUFOは見てい

ませんから、安心して下さ
まだ、ありません。こんな
が、まいっていないのか
だ配しないでね!
天気は良いのですが
があるので、船は
左右に揺れる
ピッチングというのが、混じっ
コースターのようで とっても楽しいですよ。
船酔いは 全然しません。前は、すぐに
船酔いしたのにね! 大樹くんと雄樹くんを
産んでから、体が強くなったのかも知れません。
あ、そうそう。お母さん達は、毎日 時計を30分
ずつ進めているんです。東へ進んでいるからね。
だから、今日は 大樹くんや雄樹くんが、
夜の8時の時 お母さん達は、夜の9時
になっているんですよ。おもしろいでしょう。東経180°を
こえると、(日付変更線といいますね) 今度は、大樹や
雄樹くんより、1日だけ遅れることになっちゃう
のです。ちょっと変だね ――

港する予定です。
できてるからだって。
電話をしますね。雄樹くんも元気でね。
頑張ってね。お母さんも頑張ってる
11月18日 お母さんより

いろいろありがとう。ハワイで
船酔いもせず、アルコールもひかえ
体調万全で、全開で頑張って
記者の人がコピーをFax
船内では 短波ニュースを
外信関係が多いけれど……
海運関係は出ています。
いろいろ大変と思います
体に気をつけて よろしくお願いします。
現在位置[30°N 155°E]
11/17 23°°

遠洋航海の途中で子供たちと青山に宛てた手紙

た。うちから自分の荷物は全部持って行ったのですが、勉強机はもう要らないということで家に置いていきました。

私がそれを片付けようと思って引き出しを全部開けたら、一番上の引き出しにその時岸壁で握り締めていた紙テープが入っていたのです!

きれいに巻き戻して、ずっと机の中にしまっていたのです……私はそのテープを見たとき、それをずっと持っていたということに、次男の当時の気持ちがわかった気がしました。子供の気持ちを考えると、「かわいそうなことをした」と思いました。おかげで、彼はいまだにお母さんを長期間奪った海と船が大嫌いのようです。

これにはさらに後日談があります。この本を書くに当って、昔の資料や写真を整理していたとき、私がいろいろな寄港地で受け取った手紙の束が出てきました。その中に、家族からの手紙がたくさんありました。出港してから三か月経った頃、大西洋のカナリア諸島ラスパルマスで受け取った長男からの手紙には、

「お母さん元気ですか。弟はお母さんがいないのが寂しいらしく最近すぐ泣きます。でもぼくは元気だよ――。心配しないで世界一周してきてください」と書いてありました。

これだけでも、泣けてきますが、同じときの次男からの手紙は、「おかあさん元気ですか。ぼくは元気です。おかあさんはいまはどこにいますか?」と書いてあり、その下には、海鷹丸を攻撃しようとしている怪獣をガンダムになった自分がやっつけている絵が描かれていました。当時は次男の気持ちに気がつきませんでした。ほんとごめんなさい。

私が遠洋航海中は、子供たちの毎日の面倒は、私の母と青山が見てくれました。青山は当時は政治部の記者でしたから、時間がなくて大変だったと思いますが、子供たちとよく遊んでくれたそうです。子供にとっては父親と触れ合う時間が増えて良かったかなと思っています。

記者の奥さんの条件

ここで、記者と家庭について書いておきます。記者は家にあまり帰ってこないというのは本当です。夫が記者をやっていると、ほとんど家に帰ってこられないから、離婚したり、家庭が崩壊したりする例があります。ある日記者が久しぶりに帰宅すると、家財道具が一切なく、家族もいなかったという話すら聞きました。

なので、何事も夫に頼るような女性は記者の奥さんには向いていません。それから心配性の奥さんも、ちょっと大変です。記者は、本人が好奇心旺盛で最前線に飛び込んでいくようなら、普通のサラリーマンとは比較にならないほど危険だからです。

夫に頼らず生きていける女性なら記者の奥さんは務まります。

私の場合、青山が仕事で全然帰ってこなくても、それはそれで当たり前、夫に頼るようなことは全くしませんでした。夫はいないものと考えていると精神的にとても楽です。たまに青山が家にいるときに子供と遊んでくれたらラッキーぐらいな感じがうまくいく秘訣だと思います。

青山が独立総合研究所の社長になり、戦闘真っ最中のイラク戦争に行く決意をしました。私は、

「自分が行きたいくらい。こんなチャンスは滅多にないと思うから、がんばって取材してきてね」

と言いました。

が、私以外の独研社員は全員反対しました。信じられません。（そんなことでは記者の奥さんになれないよ）と思いました。

しかし、そんな偉そうなことを言いましたが、自分のことになると、そんなに腹を括れなかったときがありました。

自分が青年海外協力隊で漁業調査船の魚群探知機の指導のために、半年間モロッコに行くという話が来たことがあります。アフリカに行った経験がないので、モロッコに指導に行ったことがある先輩に先方の情勢を聞いたところ、「情勢はあまり良くないけど、それより帰国すると原因不明の咳が出てしばらく止まらないよ」と言われ、青山にそれを言ったら、モロッコ行きは、即、却下されました。

家族がいなかったら絶対行っていたのに、残念。

航海士の免許も取り、三六歳で大学院へ

ちなみに東水大の後輩に、小野寺五典《おのでらいつのり》・現防衛大臣がいます。小野寺さんは、私が大学を中断している間に東水大に入学したと思います。その頃すでに、女性として初めて

東水大に入学した「青山（旧姓横川）千春」が伝説化していたそうです。

さて、私はイスタンブールの船上で大学院の試験を受けて、無事合格することができました。湾岸戦争のせいで航行の予定も長引いて、帰ってきたのはもう三月の中旬、卒業式の一〇日くらい前でした。

その遠洋航海によって通算で一二か月の乗船履歴を達成したので、一二年越しについに航海士の免許を取ることができました。

船から降りたと思ったら、すぐに専攻科を卒業です。その卒業式のときに、小野寺さんもちょうどマスター（修士課程）を卒業するときだったので、卒業式が一緒でした。

そのまま私は大学院に進みました。三六歳の大学院一年生です。

大学院に入ったからには、小さい頃からやりたかった海洋地質関係になんとか近づきたいと考えました。海底の地質を調べたり、南極へ行って化石を採ったりするためには、どの研究室へ行けばいいのか先生に相談したときに、「音響をやったほうがいいよ」というアドバイスをもらいました。

〝音響〟というのは、海洋音響学のことです。魚群探知機やソナーなどから発する音波を手段として、海底の様子などを調べるという、海洋の計測学の一種です。東水大では、それが地学に一番近いのではと教えてもらったので、その研究をすることにしました。

海の中は何の音もしないように思われていますが、例えば「パチ、パチ」というような音をよく拾うことができます。海に顔を付けるだけでこういう音を耳から直に聞くことができます。それが何の音かというと……なんと魚の歯ぎしりだったり、エビがハサミをチョキチョキしたりしている音なのです。

また、南極付近のクジラが発する低周波は、北極近くにいるクジラにまで届き、両者で意思の疎通ができることもわかっています。

こういう話はとても面白いのですが、私の求めているものとは対象が違う学問なので、早く地質学的な研究がしたいなと、そればかり考えていました。

魚群探知機を使って海の様子を探る

普通、魚群探知機やソナーに関する海洋音響学を学ぶ場合、効率的な漁法や魚種判別などの研究をするのですが、私がやりたいのはそこではありません。

やりたいのは地学や地質、化石ですから、魚群探知機を使って、魚以外のものを見る、海底を見るということをテーマに研究を開始しました。

博士課程では、魚群探知機を使って海底の地質を見るというのがテーマでした。

それから、例えば「内部波」といって、海の中に水温の違う水の塊がたまに流れています。温度によって水の比重が変わり、音波の跳ね返りがそこだけ違うので、それを魚群探知機で見ることができます。

同じように、海底から熱水が出ている所もわかります。熱水が出ているところにはレアメタルが存在します。魚群探知機でその存在もわかるのです。

修士課程では、最初は魚のことや魚群探知機の設計など、基礎的なことを学ぶので、それは、大変でした。なかなか興味が湧かなかったからです。

しかし、そこは堪えて学ばなければ、その後の自分のやりたい研究ができないと自分に言い聞かせて、修士課程の二年間はたくさん実験をし、とにかくデータを数多く集めました。

そのときは、大学所有のひよどりという一九トンの、機関士と船長とふたりで運転する小さい船に乗って、千葉県の館山まで行き、そこで実験を重ねました。大学四年の卒業論文以来一二年ぶりに書く論文なのでなかなか苦労しました。四年の頃は手書きだったのに、ワープロで書くようになっていたり、四年のときには計算は卓上の計算機でやっていたのに、パソコン上でプログラムにより高速計算できたり、まるで浦島太郎状態でした。

そうしたら、先生が「まあ、修士号はあげるから、博士号でがんばれ」と言ってくれました。

その後、博士課程になってから、「海鷹丸《うみたかまる》Ⅲ世」を使って海底の地質の研究を始めました。

博士論文とペルー事件

私が博士論文を書いていた時期、ちょうど「ペルー日本大使公邸占拠事件」が発生していて、青山は共同通信のペルー特派員として、地球の裏側に行っていました。

論文を書いていたときだから、青山がいなくてちょうど良かったです。周りの人も「良かったねぇ、旦那がいなくて」と言っていました。

その意味は、博士論文を書く作業は、ほとんど徹夜続きで夫の世話ができないからです。ほとんど毎日ずっと終電で帰ってきていました。いつも夕食はほかほか弁当やお惣菜だったので、子供たちはいい迷惑だったと思います。でも、そうしないと博士論文は完成しなかったと思います。

ペルー事件がこう着して長引いたため、青山は最初は数日間の出張予定でしたが、結局半年間にもなってしまいました。論文を書く身としては長期になってありがたかったです。

話はそれますが、その頃、共同通信を代表する特ダネ記者として、青山は当時は貴重だった大きな携帯電話を持たされていました。まだポケベルの時代です。そして、ペルーからいきなり東京に電話をかけてきて、私に「国民のひとりとして、どう思うか」と意見を聞いたりします。

青山が現地の人と流暢なスペイン語でやり取りしているのが電話の向こうから聞こえてきて、「あれ、いつの間にしゃべれるようになったんだろう」とビックリしました。

青山はすぐに現地の言葉がしゃべれるようになる特技があるようです。

いまから一五、六年前のことなので、地球の裏側の、ペルーの現地の声や音がいま日本で聞こえているんだと思うと、とっても楽しかったです。

現地の人の声や町の喧騒、そして車の行き交う音――それが印象に残っています。

運命を変えた「ナホトカ号」重油流出事故

そんなある日のこと。「魚群探知機で海底のこともいろいろと調べられることがわかってきた」というようなドクターの論文を書いて間もない頃、「ナホトカ号」調査の話が私のもとに舞い込んできました。

それは一九九七年一月のことですが、重油を積んだロシア船籍のタンカー「ナホトカ号」が、悪天候のため船体が真っぷたつに折れて、船体の大部分が島根県隠岐島沖に沈没したのです。問題は、沈没した船体にどれくらいの重油が残っているかわからないことでした。

そこで、船に積んだ魚群探知機からの超音波で、魚群ではなく、海底や海の中を探索するという研究を行っていた私のところに、海中の重油の湧出量を計測できないかという依頼が来たのです。重油も海水と密度と音速が違うので、魚群探知機で見ることができます。温度の違う水が見分けられるくらいですから、海中に湧出した重油にも応用できるのです。

海底から見たこともない何かが出ている！

船体の大部分は島根県近海の深さ二四〇〇メートルのところに沈み、重油の湧出が続いていました。私たちは「海鷹丸Ⅳ世」で沈没海域に向かい、魚群探知機で重油の湧出量を計測し、その量を推察することができました。調査は成功しました。

調査が終わり、回航中のことです。

もう調査の必要はなかったのですが、私はいつも回航中も魚群探知機をつけて海中海底のデータを取ります。何か面白い発見があるかもしれないという気持ちでした。

すると、隠岐島の東方海域を通過中、魚群探知機に、海底からローソクの炎のような形の巨大な柱のようなものが立ち上がっていました。これはプルームといいます。

その高さはだいたい六〇〇メートルほどありました。ちょうどいまの東京スカイツリーと同じくらいです。こんなに縦に長い魚群はあり得ません。

海底から〝何か〟が出ていることは間違いありません。

当時の教官に聞いてみると、「う～ん、何か下から出てるんじゃないかな？」と言うくらいで、いままで誰も見たことがありませんでした。

結局、このときはいくら調べても、このプルームの正体はわかりませんでした。のちにわかるのですが、実はこれが海中を浮上するメタンハイドレートの粒の集まりだったのです。

メタンハイドレートについては、先だって上梓した『希望の現場　メタンハイドレート』に詳しく書いていますので割愛しますが、簡単に発見の経緯を記すことにします。

私はずっとこの巨大なプルームが気になっていました。これを見てから三年ほど経ってからです。熊本大学理学部の先生と話す機会がありました。この先生の前職は石油会社勤務でした。私はいつか専門家に出会ったら聞いてみようと温めていた、海中のプルームについて質問しました。

すると、先生は、「それ、絶対に下から何か出てますね。たぶんガスかな」と。さらに、私が具体的にプルームを発見した場所を言ったら、「あ、そこは下にメタンハイドレートがあるところだ」とおっしゃって、東京大学のメタンハイドレートの第一人者の先生を紹介してもらいました。

東大の先生のところにデータを持って、意見を聞きに行ったら、メタンハイドレートに違いないと言われました。

「私たち海洋地質学者は海底の下しか見てなかった。海底の地質には詳しいが、海中は全然見ていなかった」と、先生はとても驚かれました。そして「魚群探知機で海の中の様子がこんなに見えるなんて、目からウロコだ」と感心されました。

実はその年、新潟県の佐渡の南西沖で石油の試掘をして、メタンハイドレートも採取できたという情報を先生がご存じで、「じゃあ、そこへ一緒に行って調査しませんか」ということになりました。

それから東大との共同研究が始まり、二〇〇四年に新潟県の佐渡沖で、魚群探知機によってメタンハイドレートを発見することができたのです。

大変だった職探し

私は博士論文を書き上げました。そして、ついに大学院を卒業して、博士号が授与されることになりました。

東水大では、卒業式はいつも三月二五日と決まっています。そのときは、確か青山はまだペルーにいて、日本にはいませんでした。

式には私の母が駆けつけてくれました。とてもうれしそうな母の姿を見て、私も幸せでした。

ただ、大学院を卒業したのはいいですけど、自分の研究にまだあまり自信を持てずにいたのは事実です。

そこで、研究室の担当の教授に相談したところ、

「博士号というのは、『これから研究を始めていいですよ』という許可書みたいなもの。だから、いまは何も慌てる必要もないし、ここから積み上げていけばいいんだよ」

と言われました。それはとてもありがたい言葉で、印象に残っています。

ペルーから帰国した直後の青山。ヒゲをたくわえていました

1997年３月、博士課程の学位記　修了証書授与式で、母と一緒に。桜が満開でした

先生、アドバイスありがとうございました。

問題は、その後の就職活動でした。

そもそも、大学からストレートに大学院に行って博士号を取った若い人でも、当時は――いまでも同じですけど、なかなか就職が厳しいです。

そのうえ、私の場合一二年間のブランクがあるので四二歳でした。さらに年齢のハンデもありました。

ここで初めて、世間に高い「年齢の壁」が存在していることを知りました。

家庭でも女子学院でも「女だから」「年だから」と差別されることがなかったので、世に出てから、世間にはいろいろな差別や偏見があることにビックリしました。

まず、大学へ入るときに男女が平等でないことにビックリしたし、船に乗ったときも女性差別があることにビックリしました。そして、就職にも女性差別が存在するとビックリしていたら、今度は就職のときには年齢も障害になるということ、これまたビックリです。

私がこれまでやってきた履歴、功績だけを見てほしい、評価してもらいたかったのに、性別や年齢だけで一切門前払いというのが、私には信じられませんでした。

そんな世間の価値観は日本だけです。

「一二歳も違うから、問題外です。全然ダメです」「若手研究者っていうのは三五歳までです」と言われて、ほぼ全部門前払いでした。

せっかく研究者の資格、博士号を取ったのに、研究する場がないのでは始まりません。

そこで、青山に相談したところ、「アジア航測」を紹介してもらったのです。

コンサルタントの実態は

青山がアジア航測の副社長と知り合いだったので、副社長に性別や年齢で門前払いする日本はおかしいと話を聞いてもらいました。

そうしたら、「うちには『総合研究所』という機関があるから、そこで海の流れのシミュレーションを専門に開発してもらえるんだったら、期限付きだけど、特別研究員として採用しましょう」と言われて、生まれて初めて就職することができました。

私が入社したアジア航測総合研究所というのは、シンクタンクではありませんが、業種で分けるとすれば、測量・環境コンサルタントというカテゴリーになると思います。ここで、たくさんのコンサルタントのノウハウを学べました。

ありがとうございました。

コンサルタント業界の中では、またまたビックリする実態を聞きました。

何か与えられた条件でシミュレーションします。そして、「こんな結果出ました」と政府機関を含むクライアントに報告すると、「ふ〜ん、ここはこういうほうがいいのにね」と、数字を変えるように言われるそうです。これにはビックリしました。

実は、クライアントはあらかじめ頭の中に自分に都合のいい結果があって、それに解析データを近づけないとOKが出ないのだそうです。だから、相手の思った通りのシミュレーションのデータが出るまで、解析をし直します。

そうしないと、いつまで経ってもお金がもらえないのです。結局、先方の望み通りの結果になってしまうということです。まったく本末転倒です。シミュレーションの意味がありません。

例えば原発の温排水。まず、初めに「周辺の海域の生態には影響ありません」という結論があって、それでシミュレーションをやってくれと言われるわけです。それに合うような結果にならないとずっとOKが出ません。なんのためのシミュレーションなのか、意味がわかりません。

靖国神社に行きました

ここで最近感じたことを記します。

青山繁晴が「インディペンデント・クラブ」（独立総合研究所〔独研〕の会員制クラブ）の会員のみなさんと一緒に靖国神社に参拝するときなどに、私も独研の一員として同行する機会があります。

靖国神社の遊就館にも何度か入りました。ここは、戦争や内戦で亡くなられた英霊に関する展示をしているところです。

我が国の戦争に関する展示は、感情的・感傷的な内容が多いので、いままで見学を避けてきました。遊就館には、戦争に負けた理由をもっと掘り下げる役目を果たしていただきたいと感じました。

亡くなられた英霊の遺書をよーく読んでみると、教科書でならったことと違うことがわかります。学校で教わったのは、命を無駄に落としたみたいなイメージでしたが、実際は「自分たちが死ぬことによって日本の子孫が平和で暮らせると信じています」「自分が死ぬことで日本という国がずっと続いていきますように」というメッセージが多くの遺書に書かれています。ここをもっとアピールすれば、誰でもみんな靖国神社にお参りに行こうという気持ちになると思います。靖国神社には、もっとアピールしてほしいです。国民の多くは、私たちの幸せのために英霊が殉ぜられたことを、知りませんから。

元寇資料館と防塁

青山繁晴が独研の社長・兼・首席研究員として、博多にある元寇資料館を視察したとき、同行しました。

お寺の一角にある、民間の資料館は二階建ての建物の二階にありました。一階は居酒屋でした。経営が苦しいんだなということが推察できます。入り口は施錠されていて、入り口には「見学を希望される方は売店に声をかけてください」という貼り紙がありました。普段よほど見学者が少ないんだなというのが、この施錠でも推察されます。

やっと中に入ることができて、展示内容にビックリです。

展示室の中央に博多湾のジオラマがあります。隅のほうには蜘蛛の巣が張っていたり、綿ぼこりもジオラマの至る所に落ちていました。しかし、博多湾に攻めてきた元寇の四〇〇〇隻の船がまち針で表現されていました。ジオラマは発泡スチロール製なので、まち針を簡単に突き刺して、船を表現できるのです。四〇〇〇隻の迫力は、すごかったです。これを数少ない、大きさも小さい船で、日本は戦って、退治したのです。この人たちがいなかったら、この人たちの犠牲がなかったら、いまの私たち日本人は存在しなかったと、この見る人も少ないほこりだらけのジオラマを見ただけですごく良くわかりました。

一緒に見学した博多出身の人が、「我々の先祖がこんなに偉かったなんて知らなかった。もっと誇りに思わないといけないですね。自信を持っていいですね」と言いました。彼は地元の人なのに、学校では元寇について、「こんなに先祖は偉かったんだぞ」という教育を受けていなかったのです。防塁も見学しましたが、草がぼうぼうで見学する人の気配を感じられませんでした。すっかりアメリカの思惑通りに、六八年間で日本人はふぬけになったと思います。

国益を考えない国民に、将来があるでしょうか。心配です。

熊本大学の先生との出会い

話を元に戻しましょう。

私が大学院を卒業し、アジア航測総合研究所に入社した年の末、青山は一八年間勤めた共同通信を辞め、翌日から三菱総合研究所に入社しました。一九九八年元旦のことです。私が海の流れをシミュレートしていたこの頃、青山は選挙解説者としてテレビに出始めていました。

私は、結果ありきのシミュレーションが横行し、正しいことが表に出ないのは間違っていると青山に言ったことがありました。

それを聞いて、青山は「このままじゃ日本の民間の知恵はダメになる」という危機感を抱き、後の「独立総合研究所（独研）」の構想を練るきっかけのひとつになったと聞いています。

そして二〇〇二年四月、青山は三菱総研時代の仲間数人と独立して、いかなる組織からも独立したシンクタンクとして、独立総合研究所を設立、代表取締役社長・兼・首席研究員に就任しました。

私も取締役を兼務することになります。最初は、頭数が必要だからということで、名前を入れていただけです。

この年の秋、私はアジア航測を辞めて、海に特化した環境コンサルト会社「三洋テクノマリン」に転職しました。

そこでの仕事のひとつに有明海の干潟海域の環境保全に関する研究がありました。熊本大学の工学部との共同研究です。

私の担当は、魚群探知機を使って海域に浮泥が溜まりやすい海域を調査して、流動シミュレーションで計算し、その海域が計算で表せるかという研究です。その結果は、ただいま論文を作成中です。実は私はこの研究テーマで熊本大学でふたつめの博士号（工学）を取ろうとしています。

三洋テクノマリンには一年半ほど在籍して、二〇〇四年の三月に退社しました。そして同年四月、今度は頭数を揃えるためではなく、正式な一員として独立総合研究所取締役・自然科学部長に就任することになり、現在に至ります。あっ、二〇一〇年からは総務部長代理にも就任しています。

青山千春、ついに南極へ！

私が高校時代に「船乗りになって南極に行く！」と決めてから、早いもので四〇年が経とうとしています。

途中で結婚、子育てによる中断はありましたが、無事航海士の免許は取得できました。そしてもうひとつの夢、南極に行くことも、実は四年ほど前に実現させました。

研究者は、東京を出港した海鷹丸が南アフリカのケープタウンに着く時期を狙って飛行機でケープタウンに行きます。ケープタウンには飛行機を乗り継いで三八時間かかりました。成田～コタキナバル～クアラルンプール～ヨハネスブルグ～ケープタウンでした。

ケープタウンから海鷹丸に乗船して南氷洋に向かいます。南氷洋で調査をしてオーストラリアのフリーマントルで下船します。約一か月間の航海でした。

南極は雑音のない世界でした。われわれの乗船している調査船の調査機器の動作音だけが辺りに響きます。無響室にいるような感覚でした。

そして、憧れのペンギン、アザラシ、シャチやクジラを見ることができました。なかでも野生のペンギンは、なんだか体表面がぬめぬめしていて遠くから見るとまるでナメクジのようでした。しかし、人を寄せ付けない野生の迫力がありました。かわいさは動物園にいるペンギンのほうが上でした。

私はこの航海でついに南極大陸の近くまで行ったのです。大陸には上陸できなかったけど、いまの自分の置かれている立場、すなわち独研の運営やメタンハイドレートの研究などを考えると、南極はこれでＯＫとしましょう。いまのところは。

南氷洋にもメタンハイドレートが眠っています。そのときも、魚群探知機を使って、メタンハイドレートを探すというのがテーマでした。

メタンハイドレートは、日本近海のように、火山活動や地球の活動が盛んな所、地震が多い所にできやすい性質があります。だから、同条件のオーストラリアやニュージーランドの近くにもメタンハイドレートはあります。

いま、アメリカではシェールガス、シェールオイルが新エネルギーの希望の光のように扱われています。しかし、環境の面を考えても、シェールガス、シェールオイルが世界に広がるよりも、メタンハイドレートを実用化したほうが、日本だけではなく、世界にとっても、地球にとっても良いことだと、現段階では私は確信しています。

メタンハイドレートは、自然に融けてメタンガスになってしまうと、地球温暖化効果がCO_2の二〇倍にもなってしまいます。資源として利用して燃やしてCO_2を出したほうが、地球温暖化への影響が二〇分の一に軽減されるのです。

国が本腰を入れて開発さえすれば、驚くほど安価なエネルギー資源となる可能性もあります。資源がないと言われていた日本から、資源を輸出する時代が来ることも夢ではありません。

私が「船乗りになって南極に行く！」という夢を実現させる過程で、偶然が重なって日本海のメタンハイドレートの研究を始めました。

　その影では、青山が私の「海に生きる」ということを常にサポートしてくれたことも忘れてはいけないと思っています。

ガハハ、青山繁晴のできるまで～青山千春が青山繁晴の母から聞き取ったお話

その五【蔵物語】

青山のお母さんは、繁晴少年が小学低学年の頃、お母さんの言うことを聞かないときには、ふたつあった蔵のうち扉の重いほうの蔵にお仕置きのため閉じ込めたそうです。

扉は外から重いかんぬきで閉められ、内側からは決して開かないしくみになっています。その蔵には窓がまったくなくて、内側は真っ暗です。

ところが……「繁晴を蔵に閉じ込めて、もう反省しているか、言うことを聞くかと思って蔵の扉を開けてみたら、繁晴が蔵の中にいないんや。どうやって出たのか未だにわからん」と、お母さんが私に言いました。

そこで青山にこっそり聞いてみると、「え？　男衆《おとこし》さんが味方だったから」と、あっさり答えました。

男衆さんとは、当時の青山家にいたいわば男性のお手伝いさんですね。お手

伝いさんにはできない力仕事や、敷地内の井戸から水を汲み上げるモーターの整備や、やはり敷地内にあったゴミ焼却場でゴミを燃やしたりをしていたそうです。

その男衆さんに繁晴少年はふだんから、とても可愛がってもらっていたそうで、お母さんもそれは知っていたのですが、男衆さんが大奥さま、つまりお母さんに秘かに逆らってまで繁晴少年に尽くしているとは想像もしなかったようです。小さい頃からカリスマ!?

その六【もうひとつの蔵物語】

蔵にまつわるエピソードで、もうひとつビックリした話があります。

青山のお父さんが国立病院に入院中、医療過誤で現役社長のまま六七歳で急死されたあと、末っ子の青山が、会社と家を継いだお兄さんから「蔵の中が何もなくなってる」と聞かされ、驚くということが起きました。

末っ子のほうが、こういうとき、お母さんに何でも聞きやすいようです。

「お母さん、蔵の中、どうしたの？」と青山が聞くと、「全部、燃やしてしもた」という衝撃の答え。

実は、末っ子の嫁である私は、お母さんに以前からこんなことをささやかれていたのです。

「千春さん、あのな、お父さんが死んだらな。蔵の中にある古くて埃《ほこり》だらけのもの、すべて燃やしたる」

蔵の中の古くて埃だらけのもの、とは、たとえば屏風だったり、掛け軸だったり、青山家が先祖代々、収集してきた美術品や骨董の数々です。

青山のお父さんは、たとえば屋敷の中のいちばん端っこにあったトイレに行くとき、途中の座敷や廊下の引き戸をすべて開け放ったまま通っていき、扉はお手伝いさんか、お母さんが閉めていったそうです。

家長として、古くから伝わるままになさっていたのですが、お母さんは「そんな時代はもう、お父さんの時代で終わりや。あんたらは、違う生き方をしなさい」と青山にも、そのお兄さんやお姉さんにも、子供の頃から言っていたそうです。

加えて、「子孫に美田を残さず」という厳しい言い伝えをそのまま実行し、子供たちに自立を促すために、お父さんの急逝のあと、蔵の中のものを、お母さんがひとりで、すこしづつ敷地内の焼却場に持って行き、そのすべてを焼き払ったのでした。そして何よりお母さんにとっては、古くてほこりだらけの汚いものは価値がまったくないのでした。

実際、私が見せてもらうと、蔵の中はきれいさっぱり、内装も新しくなり照明も明るくなり、蔵ではなく普通の家の部屋のようになりました。

このような価値観の人は、なかなかいないと思います。

青山は、お母さんについて「ぼくの背骨をつくってくれた」と、いつも話しています。

そして青山は、本音では自分の本にはすべて、以下のような献辞を掲げたいそうです。

「いつもにこにことぼくを見守ってくれた亡き父と、ぼくの背骨をつくってくれた健在なる母に捧ぐ」

この趣旨の献辞を青山は、初期の頃の本に一度だけ、実際に掲げました。

おわりに

青山は病気らしい病気の経験がない頑健な人でしたが、二〇一一年に入って、尿管結石、重症肺炎、大腸がん、腸閉塞が立て続けに彼を襲いました。それでも講演にそのまま行こうとします。「テレビなら断っても代役を立てられるけど、講演はそうはいかないだろう。チラシも何も配ってしまっているんだから。聴きに来られた方はがっかりする」という理由です。

大腸がん手術のあとに起きた重篤な腸閉塞では、医師から「あと四〇分ほどで小腸からまず破裂して死ぬ恐れが極めて高い。それでも行くんですか」と直接、言われても、医師を説得して痛み止めの点滴だけ四度受けて、飛行機に乗りました。

青山がこうして、腸閉塞をおして尼崎まで講演に行ったときも同行したのですが、帰りの新幹線ではトイレに籠もり、吐くものもないのに、カニのようにずっと白い泡を吹いていたそうです。

私は、普通に座席で弁当を食べて、『名探偵コナン』を読んでいました。

心配して治るなら、いくらでも心配しますが、心配しても治りません。だから、心配しないのです
順番が前後しますが、青山が大腸がんだとわかったときも、同じでした。すでにできてしまっているがんなので、それを心配したり動揺したりしてもがんが治るわけではありません。診察室に私と青山、そしてお医者さんがいたのですが、一番しょげていたのは「青山さんががんになるわけない」と言っていた若手のお医者さんでした。

「悪性でした」と聞いて、さすがの青山も一瞬だけは、「おっ」という表情になりましたが、私は「あ、そうですか?」と言いました。手術して取るしか方法がないのです。だから慌てませんでした。

青山は、「千春博士は、明らかに、ぼくを死なない化けものか何かだと思ってる」と言いますが、はい、少しそう思っています。

しかし、過去のことは自分がいくらがんばってもその結果を変えることはできません。そういう過去のことについては、考えたり気に病んだりしても何も変わりません。だか

ら考えたり気に病んだりするのは、時間の無駄です。それなら、私は、未来のことを考えるのに時間を使いたいです。

父から教わった「海の素晴らしさ」、母から教わった「社会のために生きること」、青山繁晴と結婚したこと、生まれた子供たち、そしてメタンハイドレート。青山が独立総合研究所を創立していなければ、その後のメタンハイドレートの研究もほぼ不可能だったと思います。

私は交通事故の後、運が強くなったうえに、偶然が重なったとも言えますが、自分が絶対あきらめない気持ちを持ち続けて、それに向かって努力を続けてきたから得ることができた結果だと思います。

「船乗りはね、過去の波はもう覚えていない。今の波も考えていない。船が無事だからね。考えてるのは次の波だけ。それがいいんだ」

青山繁晴の口癖です。そうなのかな。

陸と男とニッポン航海記

青山繁晴

男と生まれたならば、一度は船乗りを嫁にしてみよう。

……と言いたいけれど、無理にお勧めはしません。想像を超えた日々ではあるからです。

しかしぼくは、もちろんいささかの悔いもありません。

女も男もなく自由な夢をど真ん中から実行する生き方を貫き、しかもそれを通じて日本を資源小国から資源大国に一変させる、おっきな可能性をぼくたちは日本国民と一緒に探り当てています。

天の計らいを感じないわけにいきません。魂から感謝しています。

青山千春博士が新たに記した、この『海と女とメタンハイドレート』は姉妹作の『希望の現場　メタンハイドレート』と同じく、子供の作文みたいに真っ直ぐな文章が面白いですね。

なんの飾りも誇張も衒《てら》いもなく、ありのままに記されています。

それはいわば、真っ正直な航海記でもあります。

さて、その航海記を真横から見たら、どうなるか。ぼくも、ありのままに、かついつもの本よりずっと愉しく、柔らかく記してみたいと思います。

1

千春、旧姓横川千春というひとを、産経新聞の「時の人」という欄で初めて見たときのことは、三五年間が飛び去った今も、まるで今朝の出来事のように覚えています。

「時の人」、つまりマスメディアで話題の人となっている女子学生の写真入りの記事でした。

正直、その写真は覚えていません。

慶応時代の友だちから引き受けた「加山雄三コンサートのチケットを売る」ということが頭にしっかり刻み込まれていたから、記事に「加山雄三と海が大好きで日本女性で初めて大型船の船長さんになる」というところに眼が吸いつけられたのです。

その頃、おそらくは加山雄三さんにとって不遇の時期でした。

慶大ＯＢの加山さんの後輩にあたる友人たちが学生だけで企画したこのコンサートは、チケットが売れずに、危機に瀕していたのです。

慶應義塾大学文学部を中退し、早稲田大学政経学部を受け直して入学していたぼくは、その企画に参画していたのではありません。しかし頼まれて引き受けた以上は、なんとか活路を切り開かねばなりません。「どうやって売ればいいんだ」と夢にまで出てきていました。

記事には、この女性船長の卵の学ぶ東京水産大学（現・東京海洋大学）という、よく知らない学校が出てきます。よく知らないだけに学校全体が、大きな「販路」に見えちゃいました。

だけども、新聞記事のなかの人に、どうやって連絡を取ればいいのか。インターネットはまだ姿を現していない時代です。

記事の最後に、東京都豊島区在住とありました。個人情報の保護がやかましい現在なら、「東京都在住」しか書かれていなかったかもしれませんね。時代が幸いしました。

しかしそれにしても豊島区には沢山の人が住んでいます。

まずは駄目元で、電話帳を公衆電話ボックス（……懐かしいですね）の中で開いてみると、なんと、豊島区には横川という名前の人が偶然にもたいへん少なかったのです。

勇気づけられて、その名前の最初の人にそのまま公衆電話で掛けると、穏やかな中年女性の声が出てきました。お母さんかな、と思いました。

「恐れ入りますが、ぼくは、早稲田大学の学生で、青山繁晴と申します」と切り出すと、穏やかな声はそのままですが、ちょっと不思議そうです。

かまわず「そちらに、横川千春さんはいらっしゃるでしょうか」と聞いてみました。

明らかに様子が変りました。警戒モード発令、という感じです。それは当たり前なのですが、どうやらいきなり的中らしいと感じて驚きました。

丁寧にわけを話すと、半信半疑のようすで送話口を手で押さえて「ちーちゃん、出る？」という風に聞いてくれているらしい。

え、さらに、ご本人が在宅か？

こんな偶然の重なりは、まったく期待もしていなかったので、へぇーと二四歳のぼくは感嘆し、「こりゃ売れる」と早合点したのでした。

そしてご本人が出てくると、意外なほどあっさり、待ち合わせの約束が成立しました。

二一歳の横川千春さんは当時、ほんとうにメディアに引っ張りだこでした。

テレビのワイドショー、ラジオのトーク番組、そして例えば地下鉄で見る女性週刊誌の中吊り広告、さらには受験雑誌の新聞広告、「女性初の船長さんになる女子学生」はブレーク中でした。

もっとも、産経新聞で「加山雄三さんが好きで」の一言を読むまでは興味がなかったので、番組や記事の中身は視たことも聴いたことも読んだこともないのですが、ただの一学生、しかもアルペンスキー競技で大怪我をして将来がちと危ぶまれているぼくとでは、大違いの立場でした。

しかし電話に出てくれた彼女は、さすが船乗り、実にさっぱりした感じで、簡潔に待ち合わせの相談に乗ってくれました。

2

当日、高田馬場の「フェイスオフ」というガラス張りの喫茶店に現れた横川千春さんは、洗いざらしジーンズのオーバーオールを着た大柄の女性です。

背も当時では高かった（一六五センチ）けれど、正直、びっくりしたのは胸の大きさです。オーバーオールだから分かりにくいはずが「こんなの初めて見る」と思うぐらい高く、前へ突き出ていました。

あとで（予想外にも）結婚してから聞くと、胸は一〇八センチ、ウェスト五九センチ、お尻は九〇センチというわけでした。

しかし天はほんとうに面白いいたずらをなさるもので、世の大半の男性にとって重大な意味を持つこのスリーサイズ、ぼくはほとんど興味が無かったのです。興味のある人と出逢うのじゃなくて、ほぼ無関心のぼくと、こんな女性が出逢うのですね。

ぼくは昔も今も、女性というものの大ファンです。われながら男っぽい性格で、世のすべての女性を護りたいというのが本気の本心です。

女性がどんなに気が強くてもOK。ぼくのほうが、もっと強いから。

女性は胸が大きくても小さくても、いいのです。別にかっこつけて言うのではなく、胸の大きいひとも小さいひとも、区別しません。女性なら、すべて、たいせつです。

男の子がまず女性を感じるのは母親であるというのは、フロイト心理学の深刻な分析を待つまでもなく事実だと思います。

ぼくの母は、老境に入る直前まで、美女の誉れが高いひとでした。背は小さいけど胸も豊かだった。

唯一、ほんの少しだけ歯が出ていて、ぼくは幼い頃から「繁晴くんのお母さんは、凄くきれいだねぇ」と大人に言われて育ち、その結果、ぼくがちょっとこだわるのは何と、歯だけです。

母が満たしていたものには興味がなく、唯一、欠けていた（と言うほどでもありません。前歯がすこし出ているだけで、きれいな歯でしたが……）ものにだけ興味があるのじゃないかな、と考えています。

ぼくは、いま千春がよく知るとおり、マザー・コンプレックスの気《け》がありません。母は、強烈に厳しい躾《しつけ》と深い愛情をみごとに両立させて、ぼくを育ててくれました。

だから子供の時代に母性には充分に満たされたのだと思います。長じたぼくは、父性的な人間になっていました。守られるより、護りたいのです。

今の仕事も、本職のひとつはプロのもの書きですが、別の本職は危機管理です。ぼくにとっては、他人さまを危機から護るのが仕事で、自分は守りません。

日本社会と国際社会についてさまざまな発言をするので脅迫などもあり、「もっと自分を守ってください」とよく官民から言われるのですが、守りません。守ったら、きっとやられます。

仕事がささやかに多岐にわたっているので徹夜を続けたりしますから、「ご自愛ください」という優しいEメールなどをたくさん頂きます。

感謝していますが「ご自愛」は致しませぬ。

話が逸れましたから、元に戻しますと、ぼくは横川千春さんの胸が目の前に突き出るようなのには驚きましたが、だからといって女性としてすぐ関心を持ったわけじゃありません。歯はきれいで、好印象でしたが……。

横川千春さんのほうは、彼女がこの本に記しているとおり、ぼくの第一印象が「派手なセーターを着て、おしゃれな学生。水大（東京水産大学）には居ないタイプ」ということだったそうですが、そのとき着ていたセーターは、編み物のプロでもあった母の手製のスキーセーターでした。

スキーで怪我ばかりしているから、もう怪我なく滑ってくれという親心だったのでしょう。しかし母も父も一言も、「そんなアルペンスキーなどやめろ」とは言いませんでした。

このセーター、実は、本書の写真の一枚に写っています。

ぼくが共同通信の初任地、徳島支局に赴任して、赤ちゃんと一緒の写真ですね。もう一度、本書のページを繰ってみてください。

さて、チケットは売れるには売れたけど、一〇枚ぐらいだったので、ほんとうは内心でちょっとがっかり。それでもコンサートはなんとか赤字を出さずに、かろうじて成功しました。

加山さんは学生コンサートだからといって手抜きをしたりせず、胸に残る歌声でした。

横川千春さんたちには、頑張って良い席を用意したので、前の方に白い制服を来たガタイ（体格）の良い小集団の男女（と言っても女性はひとりだけ）がいて、なかなかいい雰囲気で目立っていました。

加山雄三さんは、そういうわけで、ふたりの思い出のミュージシャンそのものです。

しかしそれでも、当時はおたがいに異性として意識したわけではないので、それはそれで終わり、せっかくの偶然でスタートした出逢いでしたが、このあとに何もなければ、以後の歩みもなかったと思います。

俗なことを言うようですが、人生の微妙な間合いというのか、それを感じないわけにいきませんね。

コンサートから半年ほども経った頃に、横川千春さんから思いがけなく葉書が来たのです。

3

練習航海の途中、寄港した国内の港からの葉書でした。

「元気ですか?　私は航海中です」というぐらいしか書いてなかったけれど、女性の船乗りが港から便りをくれるなんて、もちろん初体験。なんだか新鮮でした。

男が航海の途中の港で、ふと女を思い出して短い手紙かなんか書く。そんな古い映画ならありそうですが、逆、いやまだ恋人でも何でもないから逆でもないけど、そんなんあり?　と面白く思いました。

そのあとも葉書はやって来ました。

そして、この船乗りが東京に戻ってくると、久しぶりに待ち合わせ、一気に仲良くなりました。

なぜ？

さぁ、それは今も分かりません。

つまらない初告白をすれば、ぼくは当時、付き合っている女性は何人かいました。決定的と言える人はいなかったけれど、何人かと付き合っているということも、それぞれの女性にありのままに話していました。

そこへ船乗りの登場です。

まったく飾らない、嘘や虚飾のないひとだけど、不思議な華やかさがあった。

ふつうに言えば、明るい性格ということだけど、それだけじゃない、華があった。

そこにも惹かれはしたけど、もっと惹きつけられたのは、とにかく話が合いに合い、お互いの夢や希望を、とことん語り尽くしました。

女性が海で生きたい、仕事したいと願っただけなのに、防衛大学校や海上保安大学校や東京商船大学が出願すら拒んだことも知りました。

ぼくは胸のうちで大憤慨しました。なにせガキ、いや子供の頃から内心では、女性を護っているつもりです。

そして、その男の度量の狭さと戦っている、といってもあっさり、さらり、戦っているつもりもなく実は戦っている横川千春さんと「ぼくら、どう生きるべきか」を、とことん話すのは、めちゃめちゃ愉しかった。

横川千春さんはこの本で、「記者になるという青山の夢」と書いていて、それはその通りだけど、ぼくの根っこには「世の中を良くする仕事をしたい」という願いと、「ものを書く」という幼い頃からの定めのようなこと、そのふたつがありました。

大学を出たら当面まず、何をするか。それが記者職でした。

記者という仕事だけに生涯をかける考えではありませんでした。

千春というひとは、本来は決して、説明上手ではありません。とても印象深い文章を書くし、すでに『希望の現場　メタンハイドレート』というベストセラーも出しているけれど、もともとは説明するタイプじゃないのです。

この書で「記者になりたいという青山の夢」への応援ぶりをありのままに綴ってくれているけど、同時に、ぼくの奥深い願い、ほんとうの夢がどこにあるかを、このつきあい始めた頃から知っていたと思います。

ぼくにとってやがて、それは人生の肝心なことのひとつになっていきました。

何を言っているかというと、たとえば、ぼくが「記者になる夢」を実行して共同通信の記者を力の限り務めていた頃、青山千春となった船乗りは「早く辞めれば？　もっと自分の才能を自由に活かすほうがいいよ」と言っていました！

もう子供もいるのに、共同通信の給料は一般企業より多少は良かったのに、記者としての仕事も最高にうまくいっていたのに、こんなことを言う嫁は、まぁあまり居ないでしょう。

やがてぼくは、共同通信大阪支社・経済部の記者のとき、記者という仕事をはき違えているとしか思えなかった上司を一発だけぶん殴って会社を辞める決心をしました。

当時の共同通信の自由な雰囲気も、記者という仕事も大好きだったから悲しかったけど、こころを決め、その上司に電話して「おいこの野郎、おまえ、明日の朝、ライオン橋のたもとを降りた河原に来い。おまえをぶん殴って、辞めるから」と言いました。もちろん、それまでは上司に「この野郎」とか「おまえ」とか言ったことは、ただの一度もありません。

ライオン橋というのは、大阪の中心部にある橋で、たもとに二頭のライオンが鎮座しているのです。今も、そのままあります。

京都から通っていたぼくが始発電車で行ける時間、そして大阪市内に住んでいた上司が余裕で行ける時間を考えて、時刻を指定しました。つまり、まったくの本気です。

翌日の早朝、出勤するまえに青山千春に告げると、深いわけも何も聞かずに「ああ、よかったね。辞められるじゃん」。

ぼくは前夜、大阪から京都へ帰る電車の中から、ホームでごろ寝している男性を見て、俺も失業してああなるのかな、家族だけはなんとか食わせなきゃと悲壮なる決意をしていたのに、これだもんね。ぐはは。

そして、ライオン橋の下の河原で待ち構えていると、上司が階段を、作り笑いをし揉み手をしながら降りてきて「青山くん、きみの将来のためにこそ言うんだよ。まぁ、そんなに怒らないで、謝るからさ、ね、ね」と言い、ぼくはその情けなさに戦意を喪失。あらかじめ降伏している相手を殴れません。上司が間違ったことをしていると話しただけで、別れました。

おかげで共同通信を辞めずに済み、大阪支社経済部から東京本社政治部へ進みました。政治部での経験がなかったならば、たぶん今のぼくの知見や人脈とは大きく違うでしょうね。

そして政治部記者を一〇年つとめた頃、ペルー日本大使公邸人質事件へ派遣され、それを契機に、今度はほんとうに共同通信を去りました。

そのとき青山千春博士は、わざわざメモにして、いかに自由にやるのがぼくに向いているかを力説したのでした。

ある意味、昔も今もまったくカケラも変らないのが青山千春博士でもありますね。

4

つきあい始めて、お互いを語り尽くしていったとき、車の中でも実にたくさん話しました。

青山千春博士の書いたところにもあるように、ぼくは小学校四年生から車を運転していました。

もちろん合法です。

生家は繊維会社を経営していましたが、繊維不況に見舞われ、時代を先取りする社長であった父は繊維工場のうち二か所を潰して、当時はまだ少なかった自動車教習所に替えました。

繊維工場の高い煙突はそのまま残してあったから「煙突のある教習所」というキャッチフレーズでした。

学生が免許を取るのがふつうの現在とは違って、教習を受ける人もまだ一定数しかいませんでしたから、土曜の午後から日曜いっぱいはお休みだったのです。

そこでオーナーである父の許可をもらって、教習所のコースで、坂道発進もコーナーのクリア（カーブを曲がること）も古い教習車を使って練習しました。

父は、むしろ積極的に教えてくれました。

自動車の怖さ、ちょっとハンドルを間違って切っただけで他人さまの命を奪う恐ろしい加害者になりかねない怖さも教えてくれたけど、運転の愉しさも教えてくれた。

やがて、年齢が満ちて免許証を取るとき、新しく習うことは何もありませんでした。車は、昔もたった今も、文字通り、ぼくの躰の一部です。

最初の自分の車は、ふる〜い初代セリカ。トヨタの伝説に残るスポーツ車です。

赤いセリカと言えば、その通りだけど、その赤い塗装はボンネットの全面にわたってひび割れし、タイヤはすでにつるつるになった安い再生タイヤ。

その車で、チェーンも履かせずに真冬の信濃路の山中を、深夜に、ゲレンデからゲレンデへ突っ走っていました。

当然ながら四輪が激しく滑ります。特に、下り坂では車が真っ直ぐ向くこと自体がありません。

それをコントロールして走っていると、同乗しているスキー仲間が青くなっているのも分かりましたが、幸いにもみんな、ぼくがA級ライセンスを取得していることを知っていて「降りたい」という奴はいませんでした。

横川千春さんとは、何気なくロングドライブになったときに、三保の松原へ行き、そこでいろんなオモシロ・ポーズをとって写真を撮ったことをよく覚えています。

どうやら千春博士にとってもそうらしく、そのうちの一枚が、本書に登場していて（本書の写真はみーんな、青山千春博士が膨大なアルバムの中から選んだのです）、ぼくはちょっとびっくりしました。

あんな気障な学生生活を送っていたわけではありませぬ。わはは。

ぼくは、そうしたドライブの果てに、「実は死ぬのが怖い」と告白したことをよく覚えています。

5

ぼくは子供の頃から、死ぬのが怖かった。

家庭教育では母から、人間がいつか必ず死すべき存在であること、それを意識して生きるべきであることを叩き込まれて、育てられました。

武士道とキリスト教それぞれの精神が共存した教育だったとも思います。

それは正しい家庭教育だったと今でも深く、感謝しています。

ただ、ちいさい子供にしてみると「どんなに努力しても、それだけは逃れられないという恐ろしい現実がある。それが死だ。どんなに頑張っても、自分自身が最後には消えてしまう。何も分からなくなる」という怖れが、親にはほとんど言えないまま、胸の底で大きな塊になりました。

小学校低学年の頃、なにか頑張った日ほど夜に怖くなり、ひとりで寝ている部屋から両親の寝室に行って、父と母のあいだに俯《うつぶ》せになると、父は寝息を立てたままで母がいつも目を覚まし、しかし何も言わず、ぼくの背中を静かに柔らかくポンポンと叩いてくれます。

それだけで、気持ちは静まります。

しかし怖れそのものは少しも変っていませんでした。

小学校の中ほどからは、死についての本も大人の哲学書も含めてたくさん読みました。

たとえば、これはむしろ心理学の科学書ですが有名なキューブラー・ロス博士の「死ぬ瞬間」シリーズです。

いったん死についての本を探すと、驚くほど多岐多様に無数にあります。その事実だけでも、ずいぶんと慰められました。

親にも友だちにも何も言わない悩みだけど、苦しんで考えたひとがこんなに多いのか、ぼくはひとりじゃないと感じました。

そして書物は書物として、おのれでも懸命に考えをめぐらせました。

そして、いったん怖れを封じ込めたのです。

ところが、ぼくには高校を卒業した一八歳の頃から、凄まじい懊悩《おうのう》の季節がやってきました。引き金は、その高校で、上級生が大学紛争を真似てストライキをやり、下級生のぼくは親友らと協力して、そのストを収拾に導いたことです。

外見《そとみ》には「なかなか良くやった」ということだったと思います。先生方から感謝の言葉もありました。

しかし、ぼくのこころのなかは、「本質的な問題を問わずに、目の前で苦しんでいる人を放っておけないという気持ちだけで行動した。これでいいのか」という誰にも言わない自分への疑問が芽を吹き出していました。

親友のなかには、全校委員長（生徒会長）としてスト収拾に協力した友もいました。いま地元で高名な弁護士となっている男の中の男、菊井豊くんです。

ストが終わると、ぼくらもやがて高三になり、みんなが大学受験に専念していきました。そのなかで、たとえば菊井くんが「あれ？　これでいいのかな」という無言の問いを眼に込めて、ぼくを見たことを今も忘れません。

もちろん、彼は完璧に忘れていると思います。菊井くんら、淳心学院というミッションスクールの中高の友だちとは今も親しく交流していますが、一度もこんな話をしたことはありません。

ぼくは友にも親にも兄弟にも誰にも何も言わず、内心でひたすら自分を責め抜くことになりました。

「俺は、自分が良い大学に行き、良い大学を出て、ひとかどの人物になるという親からも決められたルートをあらかじめ温存しておいて、校内のストライキにも向かいあったのだ。自分の未来だけは、聖域にしていたのだ」という、おのれへの問いが日に日に深くなりました。

自分自身のなかで烈しい内戦をやっているのと同じです。他人に、この内戦を気づかれることは見事にありませんでした。子供の頃からの明るい性格のままにいると思われていたでしょう。

「みんな、こうやっているじゃないか。ふつうに大学に行き、ふつうに社会に出る。何が悪いんだ」という少数派を、「そうやってほんとうは自分を特別扱いにして、自分だけは守ってから、何かを発言したり行動したりしようとしてるんだ。卑劣な奴だ、おまえは」という多数派が拷問にかけるという無残な内戦です。

二〇歳の前後です。

こういう、おのれへの問いかけの究極に、子供の頃の死への怖れが突如としてまた、噴き出しました。

「何を考えても、どう行動しても、いずれ死ぬ。なんにも無くなる」という怖れです。

いま考えれば、こうしたことはすべて「存在への問い」ですね。

それがやがて、慶大文学部中退にも繋がり、「現実の世の中を現実に良くすることに、ほんの少しでも献身したいという気持ちに集中することで、おのれの危機をも脱したい」と、早大政経学部経済学科に転じることにもなったのです。

慶大を中退したのは、単に、当時の慶應義塾大学には転部制度がなく、文学部から経済学部に移るにはいったん退学するしかなかった、というだけのことです。

慶応は、伸びやかな雰囲気が大好きでした。

どうせ退学するのであれば、ワセダという新しい環境に身を置いてみようと、無茶な話ですが勝手に慶応をやめて、その月のうちに受験勉強ゼロで早稲田を受け直し、ひとりで早慶戦を演じるという若気の至りになったわけです。

ところが早稲田に入ると、早稲田には確かにチャレンジングな（挑戦的な）雰囲気があり、競技スキーという新しい挑戦に下手くその極みながら夢中になり、そして再起が危ぶまれるような深刻な怪我を両膝に負って、留年します。

そうしたさなかに実は、横川千春さんという船長の卵と出逢ったのでした。千春にも、こういう話をしたことはほとんどありません。あれだけ互いの将来についてたくさん話したけど、ぼくのなかの内戦については話していません。

ぼくは、ほんとうに苦しいときは、いつでも何についても、誰にも言わなくなります。ふだんは人と話すのが好きだけど、おのれの危機はおのれだけで向かいあいます。信念でそうしていると言うより、持って生まれた自然な気持ちですね。

一般的には、そうじゃない方がいいと思います。

そして唐突に、「俺は死ぬのが怖い」と告白したのでした。

横川千春さんは、何も答えず、ただ真剣な顔でぼくを見てくれただけでした。

救われはしないけど、初めて人に話したことで、いくらか気持ちは良くなりました。

やがて、横川千春さんの思いがけない応援もあり、と言うかそもそも横川千春さんがいなければ、ぼくは大学の就職部に顔を出すこともなく、したがって共同通信の「記者追加募集」の求人票を目にすることもなかったのですから、人生がまったく違っていたと思います。

千春の見つけてきた求人票を手がかりに、千春がこの本で書いているとおり、年齢制限を電話交渉で突破して、共同通信の入社試験を受けられたことを始まりにして、人生が開けていきました。

千春が何かきっかけを作り、あとはぼくが自力、独力で戦うというのが、その後の半生の一面でもあると考えます。

まぁ、青山千春博士がきっかけを作ってくれたことそのものは、数は多くはないけれど、「共同通信が記者の追加募集っていうのをやってるよ」と教えてくれたことが最初で、結婚してからは、いま住んでいる東京・湾岸に「公団住宅の空きがあるよ」と見つけてきたこと、その湾岸に「新しい民間マンションが建つよ」と熱心にぼくに引っ越しを勧めたこと……何だそれ、と思う読者もいるでしょうが、住む場所は大事です。なのにぼくはどこに住むか無関心でした。

そして「共同通信を早く辞めた方がいいよ。SHI（ぼくのことです）は才能を自由に使うほうが世の中を良くできるよ」と繰り返し言い始めたこと、いずれも、大切でした。

ただ、そう言えば、共同通信の記者から転身した三菱総合研究所（三菱総研）の研究員を、辞めた方がいいよとは青山千春博士は言ったことはないですね。

しかし彼女も当時、民間の研究所などに在籍していて、その研究所がどうこうというのではないけれど、シンクタンクの業界として「政府などの委託元が仕事を降ろしてくれるのを期待し、だからこそその委託元が期待するような結論を出すように調査・研究する」という驚くべき慣行や体質があることを話していました。

ぼくも似たようなことを痛感していたので、それが独立総合研究所、すなわちこちらから問題を発掘し、政府や公共的な企業体に調査・研究の必要性を逆提案して、それらに都合の悪い結論も解決策としてしっかり提示するというシンクタンクの創立を決意することに繋がりました。

そして何より、この独研の存在があって初めて、現在のメタンハイドレートという祖国の新しい可能性の発掘が進みました。

日本が資源小国の思い込みから脱することへの試み、これこそ、ほんとうの意味で、青山千春博士と青山繁晴の共作の仕事です。

そしてメタンハイドレート研究の出発点はあくまでも、横川千春という女子高生が、女も男もなく海を目指し、その夢を諦めなかったことにあります。

そして、ぼくの「存在への問い」という蟻地獄のような危機から、ぼく自身を救ったのは、こうした実務なのです。

共同通信記者の初任地として徳島支局に配属されると、地元の名門国立大学である徳島大学の医学部や、地元で最大級の民間病院が絡みあう空前の汚職事件が発覚しました。

徳島地検が、一地方の検察としてはまことに例外的な特捜事件として強制捜査に着手し、ぼくは二六歳の新人記者、ぺーぺーもぺーぺー、ひよこみたいな記者として全身全霊で医学部教授や検事や警察官や裁判官やらのあいだを駆け回り、いや這いずり回り、思いがけない特ダネを連発することになりました。

千春が横川千春さんの時代から断言していた「あなたは記者に向いている。それだけじゃない。人と向かいあう仕事なら、あらゆる仕事に向いている。どんな環境でも逞しくやれる」ということ、ぼく自身はそう確信していたのじゃない話が、いくらかは本当なのかなぁと感じた新人時代でした。

考えてみれば、そのときから現在まで、どどーっと現実との戦い続きです。その大半は失敗続きです。大した成果もありません。しかし、青春の時に苦しみ抜いたことと、現実とのリアルな戦いが合わさって、ぼくはぼくなりの死生観を、次第に築いていきました。今、それがまさしくぼくの背骨です。

考えれば、子供の頃からひとり、胸の内で死への怖れに苦しんできたということは、死から逃げずに向かいあってきたということでもありました。

現代の日本は、死から目を逸らせ、自分だけはいつまでも死なないかのように思い込ませる社会の仕組みになっています。

ぼくの受けた家庭教育はそれと正反対に、幼い頃から子供を死に直面させました。深く、ふかく、ありがたいと思います。

先の大戦で、おのれ以外の他人のためにこそ死なれた硫黄島の将兵をはじめ先輩のかたがた、そして沖縄の学徒看護隊の少女たちと一緒に、今のぼくは命を生きています。

武士道といふは死ぬことと見つけたり。

この「葉隠《はがくれ》」の天下に知れた一節には、「君主のために」という言葉が省かれていると気づいたのも、死への怖れを超克していく歩みのなかでした。

聞き書きの書である葉隠を語った山本常朝さんは、江戸期の武士であり、「死ぬこと」の前に本来は、必ず「君主のために」という言葉を述べねばなりません。

山本常朝さんは、その君主の死を受けてこそ若くして隠遁生活を送っていたひとでありましたが、あえて、君主のために、とは言わなかった。

すなわち、人の道はあまねく、自分以外の誰かのために、ひとのために死ねるという覚悟と志に生きることにある、生きよ、後輩たちよ、後の世のひとよ、生きよ。

ぼくは、常朝さんの隠れた真意を、そう受け止めています。

生きて死を克服し、死生観を築くということは、私、わたくし、私心《ししん》を脱するということでもあります。

いま、ぼくのささやかな書にサインするときに「脱私即的」、だっしそくてき、というぼくのつたない造語をしたためています。

わたくしを脱し、本来の目的に即《つ》く。

卑近な例で言うと、テレビ番組に参加するとき「自分を良い人だと思われたい。良い意見を言う人だと思われたい」と考えると、あがってしまったり、信念にも無いことを言うことになります。

「視聴者、国民に伝えるべきを伝える」という本来の目的に集中していると、あがることもなく、ただ事実と信念だけを語ることができます。

メタンハイドレートをはじめとする資源・エネルギーの課題、尖閣諸島、沖縄本島、竹島、南樺太と千島全島の北方領土を含む領土の保全、拉致事件の解決や原発テロ防止をはじめとする国民の保護、外交・安全保障と危機管理、すべてを通じた日本国民と祖国の自立、独立。

こうした実務が、独研社長・兼・首席研究員としてのぼくの本職のひとつですが、すべて、私心を脱して行い続けることが何よりも柱です。

横川千春さんと、目的地のない長距離ドライブに出た果てに「死ぬのが怖い」と話したとき、千春は一言も言わずに、じっとぼくの眼を見てくれました。

そして青山千春となって、遠洋航海から戻ったあと、「死ねば私は無くなる。それだけのこと。怖くない」と短く、初めて、言いました。

海は、大量の生命を抱擁し、まったく同時に大量の死を抱えています。

その海を越えていくときに、こうした死生観になるのじゃないかなと、ぼくは勝手に考えています。


同時に、プロの科学者である千春は、彼女がこの書に記しているように亡きお父さんとシンガポールで再会し、ぼくの寝ている足元に坊主頭の軍人らしい人物が座っているのを見たり、物理学ではあり得ないはずの事実を、何度も繰り返し、目撃しています。

ぼくも、二つ目の大学、早稲田を二六歳にもなって卒業しようとするとき、就職が難しくなっていた頃、夏に昔の懐かしい子供部屋にいて、戸を開け放った庭の、松の木が途中で曲がっているその上に、背の高い、髪の長い女性が絹らしい白い着物を着て浮かんでいるのに仰天したことがありました。

松が曲がっているところまで地上から一メートルはあり、その上に人間が立つのは不可能です。

しかし、どう見ても実在の人間と同じ姿です。両手は腰の横に垂らしています。ただし、両足は膝下からすぅと消えていました。

真っ直ぐにぼくを見つめていました。

母に話すと、「それはご先祖さまや」といつものように即断しました。

なぜなら、その同じ特徴の女性が同じ夜に、父と母の寝室に居て、母の枕元に座っていたからだそうです。

そして母は、松の根元に行き、「ご先祖さま、せっかく現れたのなら、繁晴によい就職先を用意してください」と強い口調で言いました。

ほとんど命令に聞こえました。ぼくは、あれれ、ご先祖さまに命令してるよと、思わずちいさく吹き出しました。

ちなみに、ほんものの幽霊と思われるひとは、凄まじく怖かったです。ほんものには本物の、想像を絶する迫力があり、地上のいかなる恐怖とも違いました。

父がその後、高名な国立病院の信じがたい医療ミスで現役社長のまま急逝したとき、ぼくは共同通信の東京本社政治部の記者でした。

政治部デスクからの連絡で、その死を知り、枕元に駆けつけました。

すると死の床に寝かされている父が、あの女性と同じ絹の着物、同じ地模様の浮かぶ白い着物を着ているのです。

母に聞くと「あぁ、これは、青山家の古い慣習では、一族が亡くなったときにこの白い着物を着せることになってるのや」と淡々と言いました。地模様は、青山家の紋章でした。

これが偶然の一致ならば、科学的にはほぼあり得ないほどの確率になってしまいます。

期せずして、青山千春博士も、科学に基づく研究をおこなうシンクタンクである独研（社会科学部と自然科学部で構成する研究本部を擁しています）の社長のぼくも、人間の現代科学では説明しきれないことを数多く、経験しているのですね。

しかし、これは死生観とは別問題です。

いかに死ぬかは、いかに生きるかであり、死後のことはもはや思い煩いません。

6

船乗りらしい死生観を持つ青山千春博士が、お母さんを最近に亡くしたとき、「ごめんね、ごめんね、最後のときに間に合わなくて」と、お母さんの頭を掻き抱いて、耳のところへ懸命に烈《はげ》しい声で話しかけています。

千春は「人間は心臓が止まっても一時間くらいは脳が生きている」と、どこかで聞いたことがあり、なんとか脳に直接、話しかけようとしていたのです。

入院されていた病院からは「あっという間に病状が変わりました」という突然の電話があり、それが朝七時、幸いにふたりとも偶然、自宅にいて病院に着いたのが七時五〇分、すでに心臓は止まっていました。

千春は、お母さんの脳に一人娘の声が届くように力を振り絞ったあと、泣きじゃくりました。

ぼくは、青山千春が遠洋航海に出ていたとき、このお義母さんと一緒に暮らしていました。その思い出ゆたかなお義母さんを失った悲しみとともに、枕元で泣きじゃくる青山千春博士の頭を見ていて、あらためて、いつも船乗りらしい簡潔な言葉、ストレートな行動の千春の、胸のうちの本物の優しさを感じました。

船乗りになって、女も男もなく活躍してきたのも、ほんとうは親思いの半生でもあったのです。

千春のお父さんもお母さんも、一人娘に、持って生まれた可能性の実践こそを望んでいらしたのですから。

青山千春博士というひとは、あまり泣きません。それは、たぶんみんなのイメージ通りです。

しかし、それだけに、たまに泣かれると胸に残ります。

共同通信の初任地、徳島支局に赴任して、引っ越し先の一軒家に入り、最初の夜のことです。

ぼくは「たぶん、最初で最後の一軒家だ」と喜んでいたのです。育った家は、神戸時代も加西時代も一軒家というか屋敷でしたが、自力で生活するようになってからは、一軒家に住めるのは、これ一度だ、あとはアパートかマンション暮らしだと思っていました。

今、現にそうですが……。

お金に人生の価値をまったく置いていないし、末っ子だから家督も屋敷も何も継げなくてひとりで放り出される定めだし、徳島ではたまたま賃料のすごく安い一軒家を支局が見つけていてくれただけでしたからね。

ところが、新婚の千春は、その一軒家が寂しくてたまらないと言います。

確かに、横に空き地はあるけど、目の前には隣家があり、別に野中の一軒家ではありません。田舎町ではあるけれど、住宅街です。

しかし池袋育ちの一人娘の千春は、まわりが真っ暗にみえて、そして船乗り、海洋科学者としての未来もいくらかは不安に感じていたのでしょう。

玄関の引っ越し荷物の中に入れていた、ペコちゃんのブローチがちょっと凹んでひび割れているのを見つけると、「あ〜、ペコちゃんが、ペコちゃんが」と言って、おいおい泣き出しました。

ぼくは弱いものを護るのが大好きなので、たいへんに嬉しくて、思わず、がははと大笑い。

すると、その馬鹿笑いに傷ついて、千春はまた泣きました。しかし、ぼくが実は嬉しくて笑っていることは、なんとなく分かっているようでした。

横川千春、いま青山千春博士というひとは、ほんとうは一人娘そのまんまで、実は、人見知りが激しくて、初対面の人には目を合わせられないどころか、顔も上げられません。

これ、今もまったく同じなのですよ。

『希望の現場　メタンハイドレート』が出版してすぐいきなり三刷となり、サイン会をぼくと一緒にやりましたが、ほんとうは詰めかけた人の顔をろくに見られない。

したがって、たまに誤解されます。なんだか当たりが強い、と。ほんとうは人見知りしているだけ。

ぼくはよく本人にも、周りにも、こう言っています。

「青山千春博士は、ぼくのズボンの横から顔を出して、ようやく世の中を見ている人だよ」

本人もちょっと照れて、「そうです」と言います。

ぼく自身は、末っ子だし、人見知りはゼロです。初対面の人と、付き合い三〇年の人と、別に変りません。

青山千春博士はそれを横で見るたび、「よくあんなことができるね」と言います。

それだからこそ、ぼくは青山千春博士の歩みを断固、支持します。

気の強い女の子が、女も男もないと言い張って海に出て行ったのではないのです。

大事な一人娘として、音楽家の両親にべたべたに可愛がられて育ち、人見知りはする、人と交渉するということは何も知らない、裏切られるかもという怖れも知らず、ただただ、ごく自然に海に憧れ、船に乗ろうと決心し、天の計らいで、その海の宝物であるメタンハイドレートという新資源に出合い、ぼくというひとりの愛国者と組んでいるために、これもごく自然に祖国のためにその研究と調査を極める決心をして、実践しているだけのことです。

彼女のその半生に最初に現れた巨大な壁、思いがけない障害は、大学が出願すら認めてくれないことでした。

聞いてるか、読んでるか、防衛大学校に、海上保安大学校に、旧・東京商船大学。みんな、われらの税で成り立っている国立の学校。女は排除しろと、そんなことをいつ、日本国民が頼んだか。

日本は天照大神という女神が開かれた国であり、卑弥呼という女王が育まれた祖国です。

まぁ、現在では、防大も海上保安大も女子を受け容れ、東京商船大は、その横川千春という受験生を受け容れてくれた東京水産大学と合体して、東京海洋大学に変身し、いまや女子学生が躍動しています。

だから、いいですけどね……と言いたいけど、青山千春博士がこの書のために書いた次の一文を見てください。

千春博士の本文には収容しきれなかった、と言うか、彼女の本文の中ではむしろ真意が伝わらないと思うので、ここに掲げます。

（青山千春博士が、本文の原稿の入稿後に、どうしても書いておきたい補足として記した一文です）

テレビのあるバラエティ番組に私がゲストで呼ばれたときのことです。

その番組は、「男社会にもの申す」のような内容でしたが、切り口が間違っていると思いました。

うわべのタイトルとは真逆の立場と本音で番組が構成されていました。

ゲストのひとりの男性タレントは「女性は男性に比べ細やかだから、お茶をくんだりお酌をしたりしていればいいんだ」と発言しました。

すると女性のゲストもそれに反論するのでもなく「細やかで気かきくという才能をいかせる受付嬢なんかが向いている」とむしろ後押しをするのです。

細やかな気配り、それは男性より女性の方が優れているのかもしれません。客をもてなしてお茶をいれる、くつろぎの場で酌をする、会社や役所の顔として受付を務める。いずれも、大切な仕事です。

しかし、気配り以外の才能は女性が男性より劣っているのでしょうか?

才能に性別は関係ないと思います。

私は、この番組で「日本では、入社試験で女性の数を制限しています。そういうナマの証言を、大企業の役員経験者の方々からつい最近、聞きました。しかし最初から門戸を狭めるのは間違っていますね。性別に関係なく人間として本人の才能を見てほしいのです」と発言しました。

すると、むしろ女性のゲストたちが「男性は入社後に才能を開花させる人が、女性より多いんですよね~」とか「女性は腰掛け程度で長続きしないから」とおっしゃる。

男性に媚びを売っているとしか思えませんでした。

こころのなかで憤激しました。

こういう考え方が多い社会では、いくら安倍総理が女性の雇用を増やそうとしても、難しいと思います。

（青山千春博士の一文、ここまで）


みなさん、これはたった今の現実ですね。

青山千春博士は、むしろぼくの配偶者だから警戒されているのか、大学生の頃と違ってなかなかテレビ番組にお声がかかりません。

最近、ようやくにして、たまにテレビ番組に顔を出すようになりました。だから、まったく今の話です。


横川千春という少女が、大学に出願すらできなかったとき、突破口を開いてくれたのは、ピアニストのお母さんでした。

その後の障害は、ことごとく、ありのままに申してぼくが全面支援して突破してきました。

性別、年齢で日本国民をあらかじめ勝手に分けること、そして官僚や政治屋、企業の既得権益、東大という虚名にひれ伏すマスメディアの愚かな権威主義、それぞれの利己主義、祖国をみずから貶め「敗戦国」にして「資源のない国」であることをむしろおのれの過去の業績を守ることに結びつけてきた学者たちの自己防衛第一主義、それらとひとつひとつ、たった今も戦っています。

ひとつには、ぼくは弱い立場に立つひとを護り応援するのが、子供の頃から、ご飯を食べるより好きです。

しかし、もっと大きな理由があります。

それは、青山千春がぼくの配偶者、かあちゃんだからでは、ありませぬ。

ぼくたちはみな同じ定め、一度だけ生まれて一度だけ死にます。

ぼくは近畿大学の経済学部で、客員教授として国際関係論を教えてもいますが、毎年の春、男女の新入生への最初の講義でいつもこう言います。

「祖国には、きみしかいない」

女も男も、大学名も何もへったくれもありません。

たとえば鈴木優子さんという学生がいるとして、その名前はどこにでもあっても、この鈴木優子は、この先に宇宙が何百億年続いても、決して再び産まれることはありません。

ぼくらは、死すべき存在だからこそ、絶対的にかけがえのない存在です。

その個性の発揮を不当に阻むものとは、命ある限り、あらゆる最前線で戦います。

日本海にあるような表層型そして結晶状のメタンハイドレートを極めて安価に、そして確実に発見できる方法で、青山千春博士が、日本の特許をあっという間に取ったのを皮切りに、アメリカ、オーストラリア、ロシア、さらに韓国、そして日本人の特許を認めたくない中国の特許すらも、どんどん取っていったとき、ぼくは独研の命運と最終経営責任を預かる立場として、一度だけ、こう聞きました。

「おい、自然科学部長。特許を持っていたら、その特許技術を使う人や組織からは、特許使用料を取るのが当然だよ」

独研本社で執務中だった青山千春博士は、顔を、えっと上げてこう言いました。

「社長、何をおっしゃるんですか。私は祖国のために特許を取ったんです。使用料なんか取りません」

「おまえ、（社会に疎いはずの日本の）科学者のくせして、祖国なんて言葉をどこで覚えたんだ」

「……私の作った技術は、誰にも使いやすい技術です。それだからこそ、意味があると思いますが、私が特許を取らなかったら、中国や韓国が特許を勝手に取って、日本は戦争責任があるから使うなと、きっと言ってくると思います。それを未然に、きちんと防ぐために特許を取ったんであって、祖国と世界のためにどんどん私の技術を使って、環境に良い、人類に良い、新しい資源を見つけて欲しいと思います。お金のために取ったんじゃない。それが社長の決めた独研の経営方針ですよね」

「よし、分かった。その通りだ。きみは正しい」

これで、永遠に特許使用料を一円も、一セントも取らないことが決まりました。

しかしせめて日本の学者や研究者は、モラルとして「特許技術を使わせてください」という申し入れをしてください。そうでないと特許法の精神に鑑みて、あるいは人間の生き方として間違っています。

そして今、独研社内での会話をこの本では初めて記しました。まったく夫婦の会話ではありません。

公私をこうやって分けることもまた、人生の醍醐味です。

人生の醍醐味と言えば、ぼくは五〇歳を過ぎてから、かつて参加していたモーターレースに復帰しました。失効していたA級ライセンスも取り直し、世界最速のサーキット、富士スピードウェイなどを駆けています。青山千春博士は、この考えをぼくに聞いたとき「いいね！」と即答です。「危ない」なんて、ひとことも言わない。

そして一〇代や二〇代の頃より遙かに早いのです。アルペンスキーもその頃とは比較にならないぐらい、いい滑りになりました。レースの全体や自分の心身の動きがよーく見えるようになったからです。

さぁ、世界に甦るニッポンの諸君。

男と生まれたならば、一度は船乗りを嫁にしてみよう。

（了）

海と女とメタンハイドレート
——青山千春博士ができるまで

著者　青山千春
青山繁晴

2013年9月10日　初版発行

青山千春（あおやま・ちはる）
1978年、東京水産大学（現・東京海洋大学）卒業（結婚後12年間育児に専念）。1997年、東京水産大学大学院博士課程修了（水産学）。アジア航測株式会社総合研究所、株式会社三洋テクノマリンを経て、株式会社独立総合研究所取締役・自然科学部長。現在に至る。著書に『希望の現場　メタンハイドレート』（小社刊）がある。

青山繁晴（あおやま・しげはる）
1952年、兵庫県生まれ。慶應義塾大学文学部中退、早稲田大学政治経済学部卒業。共同通信社の記者、三菱総合研究所の研究員を経て、株式会社独立総合研究所を創立。現在、代表取締役社長・兼・首席研究員。著書に『平成』（文藝春秋刊）、『ぼくらの祖国』（扶桑社刊）、共著に『青山繁晴、反逆の名医と「日本の歯」を問う』『希望の現場　メタンハイドレート』（以上、小社刊）などがある。

発行者　佐藤俊彦
発行所　株式会社ワニ・プラス
〒150-8482
東京都渋谷区恵比寿4-4-9　えびす大黒ビル7F
電話　03-5449-2171（編集）
発売元　株式会社ワニブックス
〒150-8482
東京都渋谷区恵比寿4-4-9　えびす大黒ビル
電話　03-5449-2711（代表）
装丁　橘田浩志（アティック）
小栗山雄司
印刷・製本所　大日本印刷株式会社
DTP　株式会社YHB編集企画

ISBN 978-4-8470-6063-2
ワニブックス【PLUS】新書HP　http://www.wani-shinsho.com